ブレない心のつくり方

加藤諦三

PHP文庫

○本表紙図柄＝ロゼッタ・ストーン（大英博物館蔵）
○本表紙デザイン＋紋章＝上田晃郷

どうすれば
些細なことを気にせず、
自信を持って
生きられるだろう？

まえがき

■あなたの認めたくないものは何ですか？

私はラジオで、「テレフォン人生相談」を半世紀近くしている。

その冒頭の言葉は、
あなたの認めたくないものは何ですか？

どんなに辛くてもそれを認めれば道は拓《ひら》けます。

というものである。

ジョージ・ウエインバーグの「ある真理を見たくない、感じたくないという欲求は、全ての神経症に見られます(註1)」という言葉から考えた。そしてその時に、「全ての神経症」という部分に注目した。

つまり、神経症とは「重大な真理を受け入れることを拒否すること」である。

神経症的葛藤を「悩み」と翻訳すれば、「悩み」は「常に自分が認めたくないものが焦点」になっている。

「私が認めたくないものの焦点は何だろう？」と考えてもらいたいので、ラジオでは冒頭で先に述べたような言葉を毎回繰り返している。

そしてこれは、この本のテーマを解決に導く、カレン・ホルナイ、フランクル、マズロー、アドラーなどの先哲が、「人はいかに生きるか」を語った言葉の趣旨に通じると思っている。

人間は常に成長と退行の葛藤にさらされている。そしてその時その時を考えれば、退行欲求を選ぶ方が心理的には楽である。しかし長い目で見れば、逆である。

退行欲求を選択し続ければ、行き着くところは地獄である。

退行欲求は麻薬と同じで、その瞬間は魅力があるが、決して人間を最終的には救済しない。

人間を解放と救済に導くのは、葛藤の中での成長欲求に伴う苦しみでしかない。

悪魔のささやきは、常にその時その時に楽な生き方へと人を誘惑する。悪魔のささやきとは仮面をかぶった麻薬である。

ひねくれていて幸せになれるのならひねくれていてもよいだろう。

しかし生きるということは困難に満ちた大事業である。それを成し遂げることは並大抵な努力ではない。人生はひねくれていて幸せになれるほど生やさしいものではない。

その時その時をとれば誰にとっても成長は苦しく、退行は楽である。

その時その時をとれば悪魔に魂を売る方が楽である。しかしその先は地獄である。地獄とは生きる喜びを体験する能力を失うことである。

■「自分自身であることの勇気」を持つ

ノイローゼとは、「現実に直面する勇気の欠如」である。そして勇気とは、葛藤の中で成長欲求を選択することである。

何よりも人が幸せになる絶対条件である「自分自身であること」は、どうすれば可能なのであろうか？

人は、自我価値の崩壊のリスクをおかしながらでしか、自分自身になることはできない。

人には幸せより安心を求める気持ちの方が強い。そこで、多くの人々は「自分自身であること」を放棄する。

だから、自分自身であろうと決意することは、人間の本当の使命である。[註2]

自分自身であろうと決意することで、人生の流れは「依存と怖れ」から「エネルギーと勇気」に変わる。

シーベリーは、「自分自身であり得ないのなら、悪魔になった方がましだ[註3]」という。そしてさらに、「なぜこうも終始心配ごとで心を煩わせていなければならないのでしょう[註4]」という。それは自分が自分であることを放棄したからである。

嫌われるのが怖いのは、自分自身であることを放棄したからである。

何よりも大切なのは「自分自身であることの勇気」である。

先にあげた先哲たちと、ジョージ・ウエインバーグやシーベリーは、言葉は違うが、人生をいかに生きるかという考え方において趣旨は同じである。

勇気とは現実に直面することである。つまり責任転嫁をしない、合理化をしない、攻撃性の置き換えをしない、抑圧をしない等々である。

■「苦しみ」は解放と救済に通じる

本来の生きる意欲を失わせているのは、「否認」であるとフロイデンバーガーはいう。
フロイデンバーガーもいわんとするところは同じである。
それらの先哲たちの言葉の趣旨は、アドラーのいうように、「苦しみは解放と救済に通じる」ということである。(註5)
苦しみの中で、ロロ・メイのいう「意識領域の拡大」があり、カレン・ホルナイのいうように「内面の自由と力」を獲得する。
自分の葛藤に直面し、解決を求めようとすればするほど、内面の自由と力を獲得する。(註6)
要するに、内面の葛藤から逃げた人が神経症になる。
内面の葛藤から逃げないことは、感情の自己認識（self-awareness）につながる。
個人が、不安創造的体験にうまく遭遇することから、自我－力（self-strength）が発展するといわれる。(註7)
ロロ・メイもカレン・ホルナイもアドラーも、この点について、言葉は違うが、主張の趣旨は同じである。それはハーヴァード大学のエレン・ランガー教授のいうマインドフルネスでもある。
感情の自己認識は、現実否認の逆である。

「自分の葛藤に直面し、解決を求めようとする」ことが苦しみであり、勇気である。

「人間にとって苦悩もまた意味を持つのだ」というフランクルの視点も、ほとんど同じ趣旨である。

苦しいことがあった時、「この苦しみには何か意味がある。自分に何を教えているのか？」と考える。このように考えた時に、体験する「苦しみ」は解放と救済に通じる。

苦労がないことが必ずしも幸せなことではない。現実の苦しみがないことが幸せではない。

視野を広げる時には苦しい。現実を認める時には苦しい。しかしその苦しみが最後には救済となる。

■人は自然に幸せになれるわけではない

人間は、幸せになれるようにプログラムされているわけではない。

生きることを安易に考えている現代人に必要なのは、この人間性の正しい理解である。

人間は誰でも幸せを求めるが、人間性そのものの中に幸せを拒否するものがある。いま述べたように、人間は幸せになれるようにプログラムされているわけではない。

人間は無力と依存性を宿命として生まれながらも、自分自身にねざして生きるということは至難《しなん》の業《わざ》である。この至難なことを成し遂げてこそ、人生に意味が出てくる。

フランクルのいう「苦悩能力」ということについても本書では触れているが、それがあるから、人は正面から苦しめる。苦しみから逃げない。苦悩能力がなければ苦しみから逃げる。

人生には不可避的に問題がある。大切なのは問題解決能力である。苦悩能力とは、問題解決能力のようなものである。

生きるのが苦しい時に、多くの人は「死にたい」といいながら生きている。不幸であっても生きている。

「死にたい」という気持ちは、ウソではない。しかし死ねない。

なぜなら人は生きるようにプログラムされているからである。命ある限り生きるように出来ているからである。

人は幸せを求めるように出来ているのであって、幸せになるように出来ているのではない。

■人生を間違えるとはどういうことか

先に述べたように、人間は幸せより安心を求める気持ちの方が強い。

自己実現していない人は、不安の感情の方が不幸や不満の感情より強い。不安を避けられるなら、どんな不幸や不満でも耐える。我慢しようとする。

人間が生きる途上で間違えるのは、怒りの感情の処理の仕方と、苦しみへの態度である。

苦しみへの態度を間違えると、たとえ苦しんでも、その苦しみが解放と救済に通じることはなくなってしまう。

病気なのに健康なフリをしていれば辛い。

三八度も熱があるのに、健康なフリをして働いていれば辛い。

それと同じことである。

具体的には、コミュニケーション能力のある人と、コミュニケーション能力のない人が、一日働いていれば、苦しさは違うし、必要なエネルギーも違う。

コミュニケーション能力のない人は、会社で普通に働いていても疲れる。熱があって働いているのと同じことである。対人恐怖症の人を考えれば理解出来るだろう。

■「自分という現実」に耐えられる人間になる

苦しみの回避は「拘束と絶望」に通じる。

この苦しみの回避のための努力がなぜ挫折《ざせつ》を生むのか?

劣等感からの努力はなぜ、最終的に挫折するのか?

それは、「私は、そのままでは価値がない」という心の中の感じ方を強化するだけだからである。

一所懸命に頑張って、努力して不幸になった人は多い。

それは、頑張っている途中で立ち止まって、「私の感じ方は、どこかおかしいのではないか?」と考えなかったことが原因である。

なぜ「あの人はそのままで価値がある」のに、「なぜ自分は、そのままで価値がないのか?」と考えてみなかった。

ある神経症者は次のことに気がついて救われた。

それは、「自分は親から心理的に自立していなかったから苦しかった」ということである。親が与えた、「私は、そのままでは価値がない」という自己イメージに逆らうことが恐ろしかった。

根源にあるのは自己恐怖症である。

自己恐怖症からの努力だから強迫的になる。破滅に向かって努力しないではいられない。

劣等感からの努力は自己恐怖症からの努力である。

人は、どこで自分が自立に挫折したかは意識していない。それを意識化することは苦しいが救済に通じる。

挫折した人は、「自分という現実に耐えられない人間」から、「耐えられる人間」に成長するための試練に耐えられなかった。

「自分という現実に耐えられない人間」から、「耐えられる人間」への成長の過程には、苦しみの克服という試練は不可避である。

挫折した人はその試練に耐えられなかった。

生きるということは、人生の問題を解決していくということである。

人生の諸問題から逃げたければ、心理的には死ぬしかない。

要するに、人生の無意味感に苦しむしかないのである。

■「現実の苦しみ」と「心の苦しみ」は違うものである

「自分自身であろうと決意」していないと、他人に気に入られるために自分を裏切り続けなければならなくなる。

依存心が強いから、他人に気に入られることで幸せになれるような気がする。

頑張る、そして気に入られる。でも不幸で不安。

気に入られても、すでに幸福になる力を失っている。

そこで不幸になる。

すると不幸の原因を現実の苦しみに求めてしまう。肉体的、社会的苦しみは現実の苦しみである。

お腹がすいている、寒い、それは肉体的苦しみ。苦しいと感じる原因がハッキリとしている。

だが、「現実の苦しみ」と「心の苦しみ」とは違う。

本来は「現実の苦しみ」と「心の悩みとか不安」と表現した方が適切である。あるいは「現実の苦しみ」と「不幸」と表現した方が適切である。

私たちは、「苦しみ」という時に、現実の苦しみと不幸を全て含めて「苦しみ」という。

同じように「不幸」という時に、現実の苦しみと心の不幸を全て含めて「不幸」という。

困難には二つある。現実的困難と、フロム・ライヒマンのいう「感情的困難」である。ところが困難は一種類だと思っている人が多い。

したがって対応を間違える。

現実の苦しみに対する対応と、心の不幸や「感情的困難」に対する対応とは違う。

■「人生を後悔することになる人」にならないために

苦しみは成長につながる。救済に通じるというのは、どういうことか？

心の葛藤に直面することは苦しいが、それが成長、解放と救済に通じるということである。

別の言葉でいえば、「苦しいことを乗りきって成長することが救済に通じる」ということである。

人間は生まれた時から、成長欲求と退行欲求の葛藤の中で生きることになる。

私たちはよく「自分に負けない」という。

「自分に負けない」とは、自分の退行欲求に負けない、成長欲求に従うということである。

人生の中の戦いは二つある。外敵と戦うことと、自分と戦うことである。

自分と戦うこととは、心の葛藤に直面することである。

この本では、自分と戦うことについて書いた。

主として現実的困難よりも感情的困難について書いた。

［註］

1 George Weinberg, *The Pliant Animal*, St. Martin's Press, 1981,『プライアント・アニマル』加藤諦三訳、三笠書房、一九八一年十一月十日、一一五頁
2 Rollo May, *The Meaning of Anxiety*, W. W. Norton & Company, 1977, p.40
3 David Seabury, *How to Worry Successfully*, Blue Ribbon Books, 1936,『心の悩みがとれる』加藤諦三訳、三笠書房、一九八三年二月十日、一五二頁

4 前掲書、四〇頁
5 Alfred Adler, *Social Interest: A Challenge to Mankind*, translated by John Linton and Richard Vaughan, Faber and Faber Ltd., 1938, pp.120-121
6 Karen Horney, *Our Inner Conflicts*, W. W. Norton & Company, 1945, p.27
7 Rollo May, *The Meaning of Anxiety*, W. W. Norton & Company, 1977,『不安の人間学』小野泰博訳、誠信書房、一九六三年七月二十五日、三六頁

ブレない心のつくり方　目次

第一章 苦しみを避ければ、幸せも逃げていく

第二章

「間違った人生観」を捨てれば、人生が変わる

第三章

「安全第一」の考え方が、つまらない人生を作る

第四章

他人の評価を気にして生きるなんてバカげている

第五章 だから、目の前の現実にきちんと向き合うことから始めよう

あとがき 286

文庫版あとがき 300

第一章

苦しみを避ければ、幸せも逃げていく

■「苦しみに向き合って生きる」ことがなぜ大切なのか

私たちの常識からいえば、苦しみがない状態が、救済されているということである。

だが心理学の巨人、アドラーは、「苦しみは解放と救済に通じる」という有名な言葉を残している。それはなぜなのか。

また、アドラーばかりでなく、本書で紹介するように、多くの先哲たちが、同じ趣旨の説明をしている。彼らは後世に、どのような「人生の真実の発見」を伝えようとしたのか。

本書では、そのような「先哲の言葉」が持つ意味をひもときながら、現代人にとって最も必要な心の持ち方と私が考える、「目の前の現実に向き合うこと」「目の前の現実から逃げないこと」の大切さを訴えていきたい。

おそらくそれが、あなたの不安、悩み、苦しみを軽くし、ひいては「不幸感」を薄めてゆくきっかけになり得ると思うからである。

そのために、まずわかっていただきたいことがいくつかある。

最初の一つは、「人間存在は矛盾している」ということである。

理性と感情、良心と本能衝動、理想と現実、建前と本音、オモテとウラ、神性と獣性。

マズローは自らの著作[註1]で、それらについて、「『善と悪』を統合しようとする試み」と述べている。

人間性には神性と獣性が含まれている。それは人間性の二重構造である。

人間の獣性を否定してみても単なる現実否認で意味がない。現実に人間には獣性がある。

私たちは自らの獣性の存在を否定するのではなく、それを善へと統合することを目指さなければならない。

私たちは低次元の欲求も持っているが、同時に高次元の欲求も持っている。したがって低次元と高次元を分極化して、低次元の欲求を否定するのではなく、高次元の欲求に統合しようとすることが人生の諸問題の解決につながる。

■人間の中にある「善の力」と「悪の力」

政治的民主主義とか経済繁栄とか技術革新とかは、人間のこのような基本的矛盾を解決するものではない。

いかに民主主義的制度が確立し、経済が繁栄して、驚くべき技術革新が起きても、人生の諸問題の解決にはならないだろう。

同じことはフロムもいっている。

フロムは『人間の心』[註2]という名著のサブタイトルとして、「善と悪との素質」と書いている[註3]。人間は、善の力も持っているし悪の力も持っているという意味であろう。

私は、人間は希望を持てば善になるし、絶望すれば悪になると思っている。

憎しみは善の存在でもなければ、悪の存在でもない。

問題は人はどのようなコンテクスト（背景・状況）の中で生きるかということである。


ニーチェの思想でドイツ文化とギリシャ文化の対比がなされている。

私たちは一次会だけでは気がすまないで二次会をする。一次会は建前で、二次会は本音である。

アポロン的「均整化された美」が一次会の本質であり、ディオニソス的「狂乱と陶酔」が二次会の本質だろう。

両方の会があって人は満足する。一次会と二次会は相補性の関係である。

カレン・ホルナイの著作を読んでいると「『べき』の暴君」という言葉が出てくる。

「べき」は望ましいことであり、暴君は望ましくないことである。つまり言葉として「『べき』の暴君」とは矛盾している。

しかし現実の日常生活では、「べきこと」の過剰が、人の心を身動きできなくしてしまう。

「こうあるべき」ということだけが主張されると内面が破壊される。生きるエネルギーを失う。

逆に「べき」を放棄してしまえば、同じく心は崩壊してしまう。

「社会的に望ましいこと」と、「本能衝動の満足」という人間の内面の矛盾したものを、自我によって統合させて、はじめて人間は人間らしく、かつエネルギッシュに生きられる。

人間は生まれた瞬間から、二つの傾向を持つ。

「冒険を求めようとする傾向と確実性を求めようとする傾向、負担を背中に独立を求める傾向、と保護や依存を求める傾向との二つの板挟みになっている」(註4)

この板挟みの解決ができていないことが、心理的に未解決な問題があるということである。

さらに先哲が指摘していない重大な問題がある。

人間は依存心を持って生まれる。その依存心そのものが実は矛盾を含んでいる。

依存心は「相手への支配性」と「相手からの束縛」を求める。これはどうにもならない矛盾である。

つまりフロムがいうように、まさに人間は「冒険を求める傾向と、保護や依存を求める傾向との二つの板挟み」であるが、その一方の依存心が矛盾を含んでいる。

■現実に耐えられるようになるために「苦しみ」がある

次に、人間は矛盾を抱えているばかりではない。

「依存と無力」を前提として生まれてくるということは、人間の宿命である。

人間は生まれたままの心では現実に耐える能力がない。

本当の感情や願望を、無意識に追いやる抑圧は、人間が真実から身を守る方法である。

現実に耐えられない人間として生まれて、現実に耐えられるような人間になる過程が、「苦しみ」である。

だから「苦しみは解放と救済に通じる」のである。

これはアドラーの言葉ではあるが、同じ趣旨の言葉は他の先哲にもある。

今まで述べたように、人間は矛盾を抱えているばかりではない。「依存と無力」は人間の宿命である。

人間存在は、「依存と無力」ということの他に、人間として生まれてくれば、生物的変化や社会的立場の変化を避けられない。生物的に成長していく。

人間の心は、それに付いていかなければならない。人間は心理的に成長していかなければ生きていかれないように出来ている。

「昨日の正常な本能はこうして明日の神経症となることがある」「思春期は生物学的に決定的な句読点である」(註5)

思春期には、外側の世界は変化するし、自分の肉体も変わる。そうした内外の変化に対して、自分の心理も変えなければならない。人格の再構成が必要となる。しかし、そう簡単に人格の再構成はできない。人格の再構成には大きな困難を伴う。

青年期は今まで、「疑問の余地のない統一を保っていた」世界の瓦解である。(註6)

もともと人間は不安定な存在であるが、さらに内部に矛盾を抱えて生きている。

その結果、人間は生きていくために、社会的能力と心理的能力の双方を育成しなければならない。社会的能力は、学校教育や職業教育などで育成されるものばかりではなく、仲間との間で育成されるコミュニケーション能力まで含まれる。

人間は社会の中で生きていかなければならない。そのためには次のことを理解しなければならない。
A　人は成長し、変化しなければならない。
B　人とコミュニケーションしなければならない。
生きることは自立と脱皮を繰り返すことであり、それは人間の宿命である。

これには不安と苦しみは不可避である。

AとBの結果、人間は心理的に成長しなければならない。心理的能力として、コミュニケーション能力の育成は生きるための絶対条件である。

もともと人間は完全ではない。欠けているものを補って工夫していくことが、生きるために必要である。しかし、そこに生きる意味も出てくる。

■社会的に成功しても、なぜ人生が楽しくならないのか？

その人の心が、さまざまな人生の問題を抱えているということは、その人が生きている証《あかし》である。

人生のさまざまな問題は不可避的なもので、どんなに避けたいと願っても避けることは出来ない。

人生が楽しくないのは、それらの問題を解決する意志がないからである。

真の自我防衛とは、「コミュニケーション能力の育成」である。社会的成功ではない。

そこを間違えて、劣等感から優越感を求める人がいる。そうして成功を求める。

しかしどんなに成功しても真の安心感はない。どんなに成功しても、それで自我防衛は出来ない。

失敗すれば劣等感に苦しむ。

人間は絶えず、自我価値の崩壊のリスクを背負っている。しかし価値剝奪のリスクを怖れると、自我価値を防衛しようとして、小さな世界に閉じこもるしかない。そうなれば、どうしても人と親しくなれない。

今述べてきたような問題の解決は、人類普遍の課題である。

母親との原始的第一次的な絆を喪失し、誰でも不安と孤独に直面する。

生きることは、日々起きてくる問題を解決することである。

別の視点からいえば、生きることは不安と苦しみを乗り越えることである。

それを拒否すれば、生産的に生きることは不可能である。人間的にも社会的にも引きこもるしかない。

どんなに社会的に偉くなっても、人生の諸問題は解決出来ない。

たとえば誰にでも、親子関係から来る問題は起きる。社会的に成功した人にも、社会的に失敗した人にも親子関係の問題は起きる。

神経症は、この人生の不可避的な問題を回避しようとした結果である。

人として生まれた以上、理想の環境であろうとなかろうと次々に問題は起きる。

ましてや恵まれない環境で生まれた時には悲惨である。

それを回避しようとしたためになるのが神経症であり、うつ病であり、依存症であり、究極は自殺である。

まして成長の過程は、ほとんどの人にとって理想の環境ではない。

たとえば小さい頃の屈辱、孤独が大人になってからの人間関係のトラブルの原因になっている人も多いであろう。

保護と安全の中で成長出来た人もいる。しかし逆に、小さい頃、誰も自分を保護してくれなかった人も多い。

小さい頃、周囲の世界が敵であった。そういう人にとって生きることは不安である。人生は不安と困難に満ちている。乗り越え不可能に見える。

人間として生まれた以上、誰でも人生の挫折を経験する。

■苦しまなければ、人の心がわからない

聖書に次ぐベストセラーを書いたといわれる詩人のカーリー・ギブランの詩にこうある。

私はあなたにいう。
喜びと悲しみはわかつことが出来ない。
喜びと悲しみは手をたずさえてやってくる。
　Together they come.
わたし達は喜びに浸る時、
この人生に悲しみがあることを忘れてはならないし、
悲しみにうちひしがれる時、
この人生に喜びがあることを忘れてはならないだろう。

カーリー・ギブランは、人は苦しんでこそ人生を理解することが出来ると述べている。
これも詩的な表現がされているので、原文を書くと次のようになる。
Your pain is the breaking of the shell that encloses your understanding.
苦しむことは、あなたの理解を閉じ込めている殻がやぶれることだという。

そして自分の人生の奇跡に日々接しているなら、苦しみは喜びとおなじように、素晴らしくまた驚くべきものだという。

「自分の人生の奇跡に日々接している」ということは、私の解釈では、日々力の限り生きているということである。

人が何かをくれるのをただ待っていない、偉そうなことをいわない、捻《ひね》くれたことをいわない、人を妬《ねた》まない、人を苛《いじ》めて自分の心の傷を癒やさない、自分の力が試されることから逃げない等々である。

喜びだけが人生ではない。悲しみだけが人生ではない。だからとにかく日々力の限り生きる。

カーリー・ギブランは、「あなたの畑に巡り来ては去って行く季節をいつも受け入れているように、心の季節も受け入れるのです」という。


苦しみはたいていあなたが選んでいる。

苦しみはあなたの心の中の医者があなたの病んだ心を治す苦い薬です。

だからあなたの医者を信じ、心静かに薬をのみなさい。

これも訳してしまうと何でもない文になってしまうが、原文をじっくりと読むと訴えるものがある。

Therefore trust the physician, and drink his remedy in silence and tranquility.

苦しまなければ、人生を理解することは出来ない。そしてなによりも人を理解することは出来ない。

人を理解することが出来ない人が、人と深くつながることはない。人と親しくなれることはない。

人と親しくなれなければ、幸せになることは出来ない。人と心がふれあわなければ、幸せになることは出来ない。

■苦しみの意味を感じるのが、人生を生き抜く最良の方法

苦しみを神からのたまものと受け取ることが出来れば、矛盾を抱えた不安定な存在である人間が生きることは可能になる。

人生で苦しみが避けられない以上、苦しみの意味を感じるのが、人生を生き抜く

最良の方法である。苦しみを耐える最良の方法である。

これはフランクルであり、ロマン・ローランであり、ニーチェであり、先哲に共通の教えである。

苦しみがなければ、つまり苦しみから逃げれば最後には自分の無意味感に苦しむ。絶望する。社会の中で孤立する。

他の人が皆生きることに苦しんでいるのに、自分だけ苦しみのない人生を生きようとしていれば、誰がその人と付き合いたいと思うだろう。

人は自分の苦しみを分かってくれる人と一緒にいたいと思う。

苦しみのない人生を生きていれば、つまり苦しみから徹底的に逃げていれば、最後は地獄である。

戦争を起こそうとするのはそういう人たちである。だから戦争はなくならない。

人間性を理解しないで、生きることに絶望する人が戦争を起こしているということを理解するのは、何よりも重要なことである。


季節のない世界とは、笑いがあっても心から楽しくて笑うわけではなく、泣いても、心の底から悲しくて泣くわけではない。

Into the seasonless world where you shall laugh, but not all of your laughter, and weep but not all of your tears.
楽しみしかない世界を求めれば面白くもなく、生き甲斐もなく、意味もない世界に迷い込むしかない。自己疎外された人の世界である。
喜びは苦しみを伴って意味がある。喜びは苦しみがあってはじめて喜びとして完成する。

■苦しみのない「人生プログラム」はない

誰でも不安や苦しみがないことを願う。しかし人間は不安や苦しみから逃れられるようにプログラムされていない。

人は不安や苦しみに消耗した時に「もうこれ以上の不安や苦しみは勘弁してくれ」と叫びたい。しかしそれでも不安や苦しみはやってくる。

カーリー・ギブランの詩にある。

愛は穀物のようにあなたを刈り入れ、
脱穀し、
臼《うす》でひいて白い粉にし、
しなやかになるまでこねて、
神聖なる火にかける。

He kneads you until you are pliant.

喜びと苦しみを切り離して反対なものと考えてはならない。

それは人生や人間を静的な視点で捉えている。もっと動的な視点で考えなければならない。

動的な視点とは人生を成長の視点で捉えるということである。人は苦しみながら成長する。

「現在のみが実在し、今日という日は二度と戻らぬことを忘れてはいけない」

と、ショーペンハウアーはいう。これが正しいことは認めなくてはならない。

しかし、実在するものだけが幸福をもたらすのではなく、また、今日という日は二度と戻らないという事実を絶えず認識していれば、幸福のためになるというわけではないだろう。

それに、人によっては全く別の視点が役に立つ。

「未来はあなたの前にあり、また、明日は今日よりいい日になるかもしれない、ということを忘れてはいけない」

ヒルティーも『幸福論』で次のように述べている。


ついぞ大きな苦痛を知らず、自分の自我の大敗北を体験せず、失意の底に沈んだことのない者はものの役に立たない。

そうした人には何かせせこましさがあり、またその態度振舞には高慢にして独善、しかも不親切なところがある。(註7)

［註］

1 Abraham H. Maslow, *Toward A Psychology of Being*, D. Van Nostrand Co. Inc., 1962,『完全なる人間』上田吉一訳、誠信書房、一九六四年六月十日、四頁
2 Erich Fromm, *The Heart of Man*, Harper & Row, 1964
3 Its Genius for Good and Evil
4 Erich Fromm, *The Heart of Man*, Harper & Row, 1964,『悪について』鈴木重吉訳、紀伊國屋書店、一九六五年、一二七〜一二八頁
5 『ヒステリーの心理［改訂増補版］』クレッチュマー、吉益脩夫訳、みすず書房、一九六一年二月十五日、七七〜七八頁
6 Hubertus Tellenbach, *Melancholie*, Springer-Verlag, 1961,『メランコリー』木村敏訳、みすず書房、一九七八年、七〇頁
7 『幸福論「二」』ヒルティー、斎藤栄治訳、白水社、一九八〇年四月二十五日、一二二頁

第二章

「間違った人生観」を捨てれば、人生が変わる

■苦しみは幸せになる絶対条件

人は「生きるよう」に作られているのであって、「幸せになるよう」に作られているのではない。それは明らかである。

生きるのが苦しい時に人は「死にたい」といいながらも、やはり生きている。不幸であっても生きている。

苦しい時に「死にたい」という。その気持ちはウソではない。しかし死なない。なぜなら人は「生きるよう」にプログラムされているからである。命ある限り生きるように出来ているからである。

人は「幸せを求めるよう」に出来ているのであって、「幸せになるよう」に出来ているのではない。

私たちが進化によってプログラムされているのは、幸せそのものではない(註1)。

したがって幸せになるためには並々ならぬ努力がいる。

人間に生まれた以上苦しみは避けられない。それが人間の原点である。

恋をすればトラブルは起きる。

その時、「どうして?」と考える。

そしてそれを乗り越える人がいる。

苦しみは幸せになる絶対条件である。

苦しまない恋人たち、努力をしない恋人たちに、ハッピーエンドはない。

それなのに、私たちは皆幸せになりたいけど、苦しみは嫌だと思っている。そういう人がほとんどである。

しかしそれは無理。

煙は嫌だけど焚き火に当たりたい。

痩せたいけど、ケーキを食べたい。運動は嫌だけど、痩せたい。それは多くの人の願いだけれども無理。

「あるがままの私を愛して」という。

しかし、努力しないでわがままな私を愛してといっても無理。

怠け者の私を愛してといっても無理。

ずるい私を愛してといっても無理。

努力していない時、人はあるがままに生きていない。

接する人皆を暗い気持ちにさせておいて「愛して」といっても無理。

花が咲くのを待つ。「今、咲いて」と求めても無理。

氷が解けるのを待つ。「今、解けて」と求めても無理。

春にならなければ無理。

■心の葛藤に直面せよ

私は若い頃、『幸福に別れを告げよ』というタイトルの本を書いた（一九七五年、大和書房）。

それは、幸せになりたいという欲求を断ち切ることでしか生きていけない、と感じたからである。

ドイツのダルムシュタットという街から、「幸せになりたいという願望」を捨てて列車に乗った。

「この町に、幸せへの願いを捨てていくのだ」、そう思って車窓から見た景色を半世紀以上経っても覚えている。幸せへの願いを捨てたダルムシュタットの夕暮れの空を今もまだ覚えている。

今でも列車に乗る前にベンチに座っていた駅の待合室を覚えている。五十年経っても、その待合室で「この荷物を見ていて」といって、席を立っていった男性を覚えている。

そして乗った列車が、「ガタン」といってダルムシュタットの駅を出発した時を覚えている。

その時「ああ、これで自分の人生には幸せはないのだ」、と思った。

幸せへの願いを心の中で断ち切った。

やがて日は暮れて車窓の景色は見えなくなった。闇夜になった。

しばらくしてから、前の席に座っていた若い女性が、暗い山の斜面のぽつんと光る灯を指さして、「私は、あそこに住んでいるのよ」といった。そして彼女は次の駅で降りていった。

Da wohne ich.

その言葉を今も覚えている。おそらくその女性は、「この男性は自殺するのではないか?」と私のことを思ったのかもしれない。

何時間も向き合って座っていたのに、一言も交わさなかったその女性が、突然去り際にいった言葉である。

人間は幸せになりたいと願うが、幸せになれるものではない。

それにふさわしい努力をしないで、それを求める。

幸せになる努力はしないけれど、幸せを求める。

苦しみを避けて、幸せを求める。


この生きる姿勢は、カレン・ホルナイのいう神経症的要求である。

カレン・ホルナイは神経症的要求には四つの特徴があるが、第三の特徴は、「それにふさわしい努力をしないで、それを求める」ことであるという。

幸せは大股で歩くものではない。

幸せは、「こんな小さなこと」というようなことの積み重ね。

どんな小さなことでも、自分でやれば自信がつく。

人は、大きなことをしたから自信がつくのではない。

親の力で裏口から入学しても自信はつかない。

ウサギでも魚でも狼でも、自分で餌をとってくるから自信がつく。

人は自分の心の葛藤に直面することを避ければ避けるほど、今の要求に固執する。（註2）
アドラーのいう「苦しみは解放と救済に通じる」というのは、どういうことだろうか？
心の葛藤に直面することは苦しいが、それが解放と救済に通じるということである。
いろいろな先哲の教えを考えながら、この言葉をもっと広くいいかえると、「苦しみは成長と、人生の意味と救済に通じる」である。

■「今の自分」に固執してはいけない

カレン・ホルナイとアドラーは、言葉こそ違うが、いうことの趣旨は同じである。

人は自分の心の葛藤に直面するよりも、他人を批判している方がはるかに心理的に楽である。あるいは、憂鬱になって落ち込んでいる方がはるかに楽である。

「憂鬱になって落ち込んでいる」というのは、攻撃性の間接的表現である。

憂鬱な顔をしている人は、自分が何を相手に求めているかに気がついていない。

憂鬱な顔をしている人は、無理な要求をしているのである。自分の心の葛藤に直面しなければ、誰だって生きるのが辛いし、皆から嫌われる。


それが「苦しみは解放と救済に通じる」ことを知らないで、今の要求に固執するということである。

アドラーのいうごとく「苦しみは解放と救済につながる[註3]」。

たとえ苦しんでいても、それが人生の試練からの解放に彼らを導くということを知らないで、その立場に固執する。[註4]
「その立場に固執する」ということは現実否認の心の姿勢である。「今の自分」の生き方に固執するということである。
わかりやすい言葉を使うなら、「突っ張る」ということである。カラスは白いといい張ることである。

「本当はあの人は嫌いだ」「本当はあの人が好きだ」等々、本当の自分の感情を認めることは時に苦しみである。それは現実の苦しみではないが、心の苦しみである。

おそらく現実を認めることは、心の最大の苦しみである。

しかしそれが成長と救済につながる。人生の意味につながる。

今の立場に固執しない人とは、自分の出来ることをする人である。

今の立場に固執する人とは、どういう人か？

たとえば、大きく立派なソファーを買ったけれど、自分の部屋にはいらなかった。しかし、状況を考えないで買った自分の考えが間違っていたと認めない。いつまでも大きなソファーを手放さない。

母親にしがみついている子どもがいる。

母親に抱かれている子どもがいる。

この二人の子どもは全く違う。

自分に価値を感じられない子どもは母親にしがみつく。

今の立場に固執する人は、自分に価値を感じられない人である。それ以外に価値はないと歪んだ価値観を教え込まれた人である。

■「本当の感情」を認めることが最も辛い

アドラーの個人心理学(註5)は、次のようなことを強調している。
人とかかわりのない個人は考えられない、また全ての人生の問題は社会的な問題である。(註6)
人の経験は、社会的枠組の中での経験である。
アドラーが個人心理学という表現を選んだのは、個人の特性を探索することに最も興味を持ったからである。(註7)
深刻な劣等感から自分自身を信頼できず、直面する困難と戦うことから尻込みしている人は多い。

そしてアドラーは、「彼らは間違った人生観を持っている。そしてその誤りを認めるならば、自分自身を変えることが出来る」という。（註8）

ジョージ・ウエインバーグの、「あなたの認めたくないものは何ですか」というのも同じ趣旨である。

劣等感から虚勢を張っている人が「実は、私は自分に失望しているだけです」と本当の感情を認めることは苦しみである。

つまり「本当のことを認めること」が最も辛いことである。

苦しみとは、自分の現実を認めることである。

自分の誤りを認めることである。

何よりも苦しいのは自分が自分に失望していることを認めることである。

「苦しみは成長と救済に通じる」ということは、「現実を認めることは、成長と救済に通じる」ということである。

逆にいえば自分の現実を認めない人は、救済されることはないということである。

「私は不安だ、この競争社会で生き抜く自信がない」と自分の本当の感情を認めないで、「世の中、バカばかり、この社会は愚か者ばかり」といい張り続けることである。

自分の深刻な劣等感を認めるか、認めないかが、生きるか死ぬかの問題である。

人生の問題は煎じ詰めれば、現実否認するか、「現実の自分」を受け入れて自己実現するかである。

「現実の自分」は、今の自分が望んでいる自分ではない。それを認めずに無理に頑張っても能率が下がるだけ。頑張っても何も解決しないのだから。

「現実の自分」を受け入れれば、元気になる。もっと意欲的になる。努力する目標が見つかるからだ。

とにかく自己実現とは、「現実の自分」を認めることから始まる。「現実の自分」を認めないで、自己実現はあり得ない。

自己実現して生きている人は、「現実の自分」を認めているのである。

「現実の自分」を無視して、理想の自己像実現にこだわるか、「現実の自分」を受け入れて自己実現するか、それが人生最大の問題である。

それは深刻な劣等感に負けるか負けないかということである。

虚勢を張っていても、迷路でさまよう自分の心を心の底で知っている。

偏見のあるパーソナリティーなどは、深刻な劣等感に負けて、そのようなパーソナリティーになったのである。偏見のある人は、自分の価値を信じることが出来ない。

■社会的成功者の心が意外にもろい理由

本質的なことでいえば、問題は小さい頃に持った基本的不安感という人生の困難に、自ら立ち向かわなかったことである。

「現実の自分」を無視して、理想の自己像を実現しようと努力するのは、まさに人生の困難と戦うことからの撤退である。

自分が基本的不安感に苦しんでいる。本当はそれを乗り越えなければならないのに、人生の戦場から撤退して理想の自己像実現に走ってしまった。

そういう人は、本来は自らの基本的不安感に直面して、苦しむことが必要だったのである。

たとえば、自分は親から愛されなかったことを自覚し、人生の問題を解決する能力に欠けていることを自覚する。

そうすればコミュニケーション能力を培《つちか》うことに精一杯の努力をしなければ生きる道はない。そして、そうすれば自分の価値を信じることが出来た。

ところが愛情飢餓感から人の注目を求める。そして栄光を求めた。成功すれば人が注目してくれるからである。そこで成功者という理想の自己像実現に走った人は、まさに「人生に対する間違った考えを持った」のである。(註9)

まさにその人たちは、アドラーのいうように、深刻な劣等感から、直面する困難を乗り越える戦いをしなかった。戦いから目をそらしてしまった。

「直面する困難を乗り越える戦い」とはどういう戦いか。

それはたとえば、人から弱点を指摘された時に、素直に認める。他人に優越することではなく、コミュニケーション能力を育成し、自らの内なる力を身につけるということである。

なによりも自分の無意識にある不安や恐怖感を意識化し、しっかりと自覚することであろう。

無意識にある不安や恐怖感の症状はいくらでもある。

なぜかイライラするとか、何となく理由もなく焦っているとか、すぐに落ち込むとか、理由は分からないが不愉快であるとか、食欲がないとか、心配事はないはずなのだけれどもよく眠れないとか、無視しようとしながらも人のいうことに気持ちが振り回されるとか、いくらでも症状はある。

そうした生きづらさの原因が、無意識の領域にある不安とか恐怖感である。

その生きづらさを解消しようとして、理想の自己像実現に向けて走り出す。

人に気に入られるとか、お金を得るとか、惨めさを誇示して人の注目を集めるとか。

あるいは「社会なんて下らない」とひねくれた主張をしてみたり、逆に社会的成功を目指して無理な努力をしたり等々で、今の苦しみを解決しようとする。

それが間違った態度であって、そういう態度で生きると、人生はますます生きづらくなっていく。

■必要なのは「人生の要求」に応じる姿勢

アドラーの言葉は、人生そのものが問題というよりも、その人の人生に対する態度が問題だという趣旨であろう。

無意識の恐怖感から目を背《そむ》けたことで、知らないうちにその人の人生は恐怖感に支配されてしまう。

励まされて、励まされて成長した人にはそうした恐怖感はない。逆に脅《おど》されて、脅されて成長した人には恐怖感がある。

その恐怖感に立ち向かうことは、自分を脅した人に立ち向かうことである。そうすればやがて、どのような自分であれ、その自分に喜びを感じるようになるに違いない。

朝でも昼でも夜でも、頭の中で自分がホッと出来る幸せな場所にいるところを想像してみる。いろいろな場所を想像してみる。

そこに誰がいるか、誰がいないか。

どのホッと出来る場所でも、そこに絶対いない人がいる。

しかし、「想像の夢」から覚めると、極めて重要な人がいる。

その重要な人の前では、毎日無理をしている。

その人を乗り越えるということが、恐怖感に立ち向かうことである。

全ての失敗は何を表しているのか。

それは、「その人が人生の要求に対して、正しく準備をしなかったことを表している（註10）」。

人生の課題とは何か。

それにはいろいろの主張があるだろう。

たとえばフロイドのいうように、オイディプス・コンプレックスの克服である。

簡単にいえば、親からの心理的自立である。

また人生には、それぞれの時期に、それぞれの課題があるだろう。

たとえば、青年期の課題は、対象への関心と興味の覚醒であり、アイデンティティーの確立である。

とにかく人生のその時期その時期に、生きるためにはこれだけのことをしなければならないという、人生の要求がある。

人生で挫折するか挫折しないかは、その不可避的な課題に応えられるか応えられないかである。

小さい頃、アドラーは「くる病」だった。また声門（glottis）の痙攣《けいれん》に苦しんだ。泣いたり叫んだりする時に窒息の危険にさらされた(註11)。

そこで三歳の時に、泣くまい、叫ぶまいと決断した。

肺炎にかかった時には死ぬといわれた。

しかし、彼はその苦しみから逃げなかった。正面から戦った。

アドラーこそはレジリエンスの典型的な例である。


オーストリアの精神科医ベラン・ウルフは、「安易な道を選ぶのが神経症である」という。

人生の厳しい要求に応えないで、抜け道を探した結果、道に迷ってしまったのが神経症であるという意味であろう。

自分の現実を認めないことは、その時には楽だけれど、結果として神経症になるという意味であろう。

■「人間は不平等」「人生は不公平」と考えたほうがいい

ここで問題となるのは、劣等感が深刻でなければ、現実を認めることが出来るが、深刻であれば深刻であるほど、自分の現実を認めることが難しくなるということとである。

小さい頃愛されなければ愛されないほど、現実を認めることは難しい。なぜなら基本的不安感が深刻だからである。

しかしそれにもかかわらず、人生の選択とは、「現実を認めて自己実現するか、現実から逃げるか」である。

深刻な劣等感であればあるほど、乗り越えた時の喜びは大きい。

その人がはじめに、どのくらい深刻な劣等感を持つかは、その人の責任ではない。深刻な劣等感は基本的不安感の結果である。

その人がどのような環境に生まれてくるかということは、その人の責任ではない。どのような運命を背負って生まれてきたかということは、その人の責任ではない。

重大なのは、その後のその人の人生に対する態度である。そうした点では、アドラーとフランクルは、言葉は違うが、いわんとする趣旨は同じである。

フランクルは時に、アドラーや精神分析論を批判しているが(註12)、いかにして人は幸せになるかという姿勢については、両者に違いがない。

デモステネスのような人の態度が、間違った態度の典型である。

「r」の発音に苦しんでいたデモステネスにとって、理想の自己像は、大雄弁家になることであろう。

そしてデモステネスは大雄弁家になった。しかし最後は自殺した。

デモステネスは、「r」の発音が下手であるという自らの運命に対して、間違った態度をとってしまった。

幼い頃から発音が下手であったということには責任がない。しかしその運命にどういう態度をとるかということには責任がある。

愛のある家に生まれてくるか、愛のない家に生まれてくるかには責任がない。しかしその人生にどういう態度をとるかには責任がある。

母なるものを持った母親の愛に恵まれて成長する人もいる。虐待されながら成長する人もいる。それはその人の運命である。

そうした点で人間は不平等である。人生は不公平である。

世の中に行き渡っている最も間違った考えは、「人間は平等である」というものである。

親にしつこくいじめ抜かれて、ボロボロになって、完全に自己喪失して成長した人と、親から愛され励まされて逞《たくま》しく成長した人が、「平等である」などということは太陽が西から昇るよりもあり得ない。

しかし人間の価値は、生まれた環境で決まるものではない。

人生は不公平であるが、自らの人生にどういう態度をとったかということで、その人の偉大さは決まる。私は、フランクルの態度価値という考え方を、今は支持している。

「神経症者はたしかに、かれが自分の神経症に対して責任があるというような意味では、自由ではありません。しかし、かれが自分の神経症への態度に対しては責任は大いにあり、またそのかぎりではかれにもある程度の自由がそなわっているのです(註13)」

神経症者になるには神経症者になるだけの原因がある。神経症者になったことには責任はない。

しかしその人が、自らの神経症の人生にどういう態度をとったかには責任がある。

■先哲が教える「人生のパラダイムシフト」

フランクルやマズローやアドラーなどは皆、生きるということはもともと大変なことだと思っていたに違いない。ここが、生きることを安易に考えている現代人との根本的な違いである。

アドラーは、あれだけの苦しさを背負って生き始めたからこそ、そのような認識になった。

幸せになった人は、徳川家康のように「人生は重荷を背負って坂道を登っていくようなもの」と認識している。当たり前のことであるが、徳川家康が正しいか間違っているかを議論しているのではない。この本は政治論の本ではない。

人生の最後まで神経症であった人と、自らの悲惨な運命に対して正しい態度をとって、最後には意味ある人生を終えた人たちではどこが違うか。

両者は、「生きるとはどういうことか?」という根本的な認識が違っている。

だからアドラーはスポイルされた子どもはダメだといっている。

フランクルも、「苦悩もまた人生を意義深いものにする」という。最深の意味を充足する機会だという。(註14)
苦悩に意味を発見した人が、パラダイムシフト出来た人である。パラダイムシフトとは、ここでは、生きることを違った視点から見ることが出来るようになることである。

自分の生の意味を知る人は、外の苦境や内の障害を克服出来るとフランクルはいう。

「人間は意味への意志によって最も深く支配され続けています[註15]」

フランクルは「充足と絶望」、「成功と失敗」という二つの軸を考えた。縦軸と横軸にすれば、四つの区分が出来る。

社会的に成功しているが、自分に絶望している人もいれば、社会的に失敗しているが、自己充足している人もいる。

つまり、「成功と失敗」と、「充足と絶望」とは違った次元に属している[註16]。

この二つの軸は、おそらく生きる目標を間違えた人と、間違えなかった人の違いである。

「人生の意味および、生きる価値は何か？」を考えることは、生きていく上で最も重要である。

この重要性を認識出来なかったことが、一九六〇年代から一九七〇年代の、ゲバ棒からヒッピー運動にいたる広範な反体制運動が挫折したことの原因であろう。本能衝動とゲバ棒では人生の諸問題は解決出来ない。

さらに、それに続く時代の経済的繁栄や技術進歩もまた、人間救済にはならなかったことも、同じ原因である。

政治的民主主義や経済的繁栄や技術進歩だけでは、人生の諸問題は解決出来ない。

人生の諸問題は、人の心の自然な法則によってしか解決しない。

[註]

1 Daniel Nettle, *Happiness*, Oxford University Press, 2005, p.14
2 Karen Horney, *Neurosis and Human Growth*, W. W. Norton & Company, 1950, p.63
3 Alfred Adler, *Social Interest: A Challenge to Mankind*, translated by John Linton and Richard Vaughan, Faber and Faber Ltd., 1938, pp.120-121
4 ibid., p.120
5 Individual Psychology
6 Alfred Adler, *The Man and His Work: Hertha Orgler*, Sidgwick & Jackson Ltd., 1973, p.XVI

7　ibid., p.XVI
8　ibid., p.XVI
9　ibid., p.XVI
10　ibid., p.XVI
11　ibid., p.1
12　『フランクル著作集6　精神医学的人間像』宮本忠雄・小田晋訳、みすず書房、一九六一年十一月十五日、七八頁
13　前掲書、九六頁
14　『フランクル著作集5　神経症：その理論と治療II』霜山徳爾訳、みすず書房、一九六一年七月二十日、三七頁
15　『フランクル著作集3　時代精神の病理学』宮本忠雄訳、みすず書房、一九六一年五月十五日、一五頁
16　『フランクル著作集6　精神医学的人間像』宮本忠雄・小田晋訳、みすず書房、一九六一年十一月十五日、六〇頁

第二章

「安全第一」の考え方が、つまらない人生を作る

■素直になれない原因は「欲求不満の積み重ね」

どうしても素直になれない人がいる。

本人も意識して素直になろうと思っていても、なかなか素直になれない。素直に人のいうことを聞くのは想像以上に大変なことである。

なぜなら感情と意識とは、脳の別の箇所から生まれてくるからである。

「そしてそれを逃れることは意識から逃れるよりもずっと難しい」(註1)

素直になれないのは無意識にある今までの欲求不満の積み重ねが原因である。

それは退行欲求への固着を表現している。

人が成長することは至難なことである。

マズローは「何が、人が成長することを妨害するのか？」と問う。(註2)

「人にとって先に進むことがなぜそれほどまでに難しく辛いのか？」と問う。(註3)

人は成長する以外に生き延びる道はないのに、人はそう簡単に成長出来ない。

成長出来なくて、斜に構えたり、僻《ひが》んだり、妬んだり、人に絡んだり、怒りをまき散らしたり、「私は凄い」と傲慢になったり、恨みがましく落ち込んだり、復讐心に囚われたり、無気力になったり、最後はどうにも出来なくなって「死にたい」

と願ったりして苦しんで生きている。

成長出来れば全て解決するのだが、それがなかなか成長出来ない。

成長が困難でなければ、誰もわざわざ嫉妬に苦しんだり、自己不適格感に悩んだり、自分の人生に積極的関心を失ったりしない。

成長なくして幸せなし。これが先哲の教えである。

■努力して心を成長させることが幸せへの道

しかし人は成長を拒否して、幸せを求める。

自分のしてきたことを棚に上げて、要求だけはする人がいる。そしてその要求が通らないと相手を酷い人だと恨む。

横綱になりたくても、横綱になる努力をしない。

要するに幸せになりたいけれど、辛いことはいやということである。甘やかされながら幸せになりたいということである。

しかし「それは無理だ」ということを先哲はいっている。

ことに恵まれない環境で成長した人は、生まれた時から疲れているから、成長を拒否しがちである。

恵まれた環境で生まれた人は生きるエネルギーを親からもらえるが、恵まれない環境で成長した人は、生きるエネルギーをもらえない。

でも幸せになるためには成長しなければならない。

マズローは、次のようにいう。


私たちは満たされない欠乏欲求がもつ固着や退行の力についてもっと十分に知らなければならない。

安全や安定の魅力についてもっと知らなければならない。

苦悩、恐怖、喪失、脅威に対する防衛と保護の機能についてもっと十分に知らねばならない。

成長し前へ進むために勇気が必要だということをもっと知らなければならない。(註4)

要は、成長欲求に従うよりも退行欲求に従った方が楽ということである。

子どもが何かをした時に親は誇大に誉めるが、大人になっても、そのように自分を誉めてくれるだろうと期待していた。ところがその誉め言葉がなかった。それで深く傷つく。

小さな子は、みんなが自分のことをいつも気に掛けていないと怒る。

小さな子どもは、自分のことが常に優先順位一位でなければ気が済まない。それが子どもの自己中心性である。

子どもは自分にとって一番の関心は、皆にとっても一番の関心でなければ気が済まない。そうでないと不当なことに思える。

子どもにとってはそれが自然。

しかし大人になったらこうはいかない。そして心理的に成長出来なかった大人はいつも傷つく。

■自分を愛してくれる人を排除しない

小さい頃、誰でも、わがままを認めてもらえない悔しさを体験する。そこで感情を爆発させる。

こうして泣く子は、感情を吐き出しているから悪い子にならない。マイナスの感情を吐き出している子は自然と優しい子になる。

マズローは「防衛の尊重」ということをいっている。

子どもの心の傷を癒やしてあげることで、子どもは前進できるようになる。

「成長しない理由もまた認め、尊重するのである」(註5)

何かにしがみついている子どもは、成長出来ない理由がある。そのことを理解してあげることで子どもは心理的に成長出来る。

泣くことを我慢した子の方が、感情が吐けていないから素直になれない。すねる、頑固になる。

中には泣いても、泣いても、周囲の人が気持ちを分かってくれない子どももいる。そこで子どもは泣くのを止める。その時には無力感が心の中に広がる。

自分の訴えは何の効果もないと感じるから無気力になる。努力しても意味がないと思うから努力をしなくなる。

それが成長してからノイローゼになるような「良い子」であろう。

大人であれ、子どもであれ、マイナスの感情を吐き出させることは前に進むために必要なことである。「前に進むために必要なことである」が、現実には誰でもがマイナスの感情を吐き出せるわけではない。

だからこそ多くの人は、成長しないで、退行に固着する。

よく「愛されるためにはどうしたらいいか？」という相談がある。

理屈は簡単なことである。

自分を愛してくれる人を自分の方から排除しなければいい。それだけで人は愛される。

二人で食事をしている時、「その食べ方、おかしいよ」と注意してくれる人が、あなたを愛している人である。ふれあっているからそういえる。

「私は愛されない」と不満な人は、そういってくれる人を自分の方から遠ざけている。

だから愛してくれる人が、そういう人の周囲にはいなくなっただけのことである。


近親相姦願望とは、保護と安全の希求。自己のナルシシズムを充足、責任、自由、意識性にともなう負担から逃れようとする渇望、無条件の愛への希求。(註6)

たとえば、二人で食事中、「あなたは素敵、好きよ」という人がいた。この言葉は、その人の「無条件の愛への希求」を満たしてくれる。

しかし、これは二人の心がふれあっていない。

愛情飢餓感が強くて、人を見分けられない人は成長出来ない。

味覚が分からない人を考えてみれば分かる。

すっぱいも、にがいも分からない。

腐ったものを食べても分からない。

そしてお腹を壊す。

■劣等感の強い人は「どうしたら傷つかないですむか」と考えている

自分を理解すると幸せの扉が開く。

お腹が空いた時に冷蔵庫に首を突っ込めばいいものを、タンスに首を突っ込むようなことをする人が多い。ネクタイを食べてもお腹はふくれないのに、それで文句をいっている。

入れ歯なのに堅い煎餅を食べてしまうような生き方をして、人生は辛いと歎《なげ》いている人がいる。

人は、心理的にいえば安全第一で、傷つくことを避ける。傷つくことから逃げる。

普通の人は安全第一で、成長欲求と退行欲求の葛藤で退行欲求を選択する。別れた方が幸せになれる相手とも別れない。

ことに劣等感の強い人は、どうしたら傷つかないかということばかりを考えていて、自己実現の心の姿勢がない。成長欲求を選択しない。

その結果、自分の能力を使う喜びの体験がない。格好をつけてしまうことで息苦しくなる。

道を間違えた時に大人に聞けばよいものを、赤ん坊に聞く人がいる。その方が恥ずかしくなくて聞きやすいからである。

人から拒絶されることを恐れて自己主張できない。まさに勇気の欠如である。拒絶されることを恐れながらも自己主張するのが勇気である。その苦しみが成長と救済に通じることである。

一人前の義務と責任を果たすことが苦しみであり、その苦しみが成長と救済に通じる。

■現実から逃げている人は「人間がいかに生きるべきか」を見失った人

ただここで考えるべきことは、「人から拒絶されることがそんなに恐ろしいことか」ということを、もう一度立ち止まって考えてみることである。

そんなに恐ろしいことではないのに、恐ろしいと自分が一人で勝手に感じている場合も多い。

このように正しい現実認識をすることも勇気であり、心のゆとりである。

そうして現実から逃げているうちに自分が誰であるか分からなくなる。自分が本当に欲しいものが分からなくなる。いつまで経っても自分自身の人生の目的が分からない。

コロンブスは、安全に背を向けて西へ向かって船出した。そしてアメリカを発見した。(註7)

もちろん無謀にではなく、計画を練りに練り、自らの実力を磨いて、磨いての話である。

コロンブス自身が、「可能な限り全ての種類の勉強をした」と書いている。「地理の勉強、歴史の勉強から哲学の勉強まで(註8)」。

私の注意を引いたのは、哲学を勉強したということである。

彼はインドに行きたいと思っていたのだから、地理の勉強、歴史等の勉強をするということは常識で理解出来る。

だが、哲学となると話は別である。

コロンブスが哲学を学んだということから、彼は「人間がいかに生きるべきか」ということを考えていた人だったのではないかと私は推測している。

当時の船乗りは皆、東へ向けて船を走らせた。しかし、コロンブスは「西へ行こう」といった。

彼が「西へ行こう」と決意したことには、地理や歴史や航海記録の勉強に加えて、「私はこうして生きるのだ」という彼の人生哲学があらわれているのではないかと私は思っている。

彼のこの「西へ行こう」という決意こそが、人類の歴史上の大きな「パラダイムシフト」だった。航海の常識をぬりかえ、それによって歴史が変わったことを、現在の私たちは知っている。

コロンブスは大学で学んでいない。つまり、高等教育を受けていない。しかし彼は、自分が生きるために必要なものは身につけた。学歴は人を救わないが、学問は人を救う。

コロンブスが安全第一であれば、安全に背を向けて西へ向かって船出しない。

コロンブスの話をすると、あまりにも私たちの日常生活とかけ離れていて、自分の人生の参考にはならないと思うかもしれない。

しかし誰にでもその人の中に「その人自身のコロンブス」はいる。あのコロンブスだって、自らを奮い立たせることなく、何も感じないで日常生活のままで、安全に背を向けて西へ向かって船出したわけではない。

自己実現しながら生きる時には、誰もがコロンブスなのである。

安全第一だけでは、自分の「実りある人生の航海」には出帆出来ない。

成長動機を持っているか、退行動機を持っているかで同じ物事は違って見える。

大航海ばかりではない。日常生活の子育ての苦労でも、親が成長動機を持っているか、退行動機を持っているかで苦労は違っている。

■「どこまで自分自身になれるか」こそが人生の勝負

人間の退行欲求のすさまじさについて、人はあまり考えない。

人が「保護と確実性」を求める近親相姦願望のすさまじさを考えない。母親固着のすさまじさ、それは想像以上である。

赤ん坊は目を覚ました時に誰もいないと泣く。

無意識で保護と安全を求めている。

人はなぜ権力依存症、名声追求依存症になるのか。権力や名声で幸せになれるとは誰も思っていない。しかしそれを求める。

それは保護と安全を与えてくれるのが「力」であると思っているからである。

権力や名声ばかりではない。恋愛依存症も同じである。依存症で幸せになれると思っている人など一人もいない。でも人は依存症になる。


性は分離によって生じた不安から逃れるための絶望的な試みとなり、いよいよ強まっていく分離の感情を生じるようになる。(註9)

それらは目に見えない麻薬である。近親相姦願望を満たすものである。

人生の課題は「退行欲求」からの解放である。

「どこまで母親固着から解放されるかが、どこまで自分自身になれるかということ」である。ここでいう母親固着はもちろん「退行欲求」である。

自分の人生に課された問題を一つ一つ解決していくことが「自分自身になるこ

と」である。

母親から愛されなかった人は、母親固着からなかなか解放されない。どうしても先に進めない。

古い車のエンジンが故障したうえに、雪道でスリップして、そこから先に進めなくなっているようなものである。

■「妬みは人を殺す」の真意とは？

人は不幸にともなう感情にしがみつきがちである。

その感情からなかなか抜け出せない。

人は不快な感情から抜け出ようとしない。それは不幸にともなう感情にひたっていることが退行欲求を満たすからである。

しかし大人になれば退行欲求はなかなか満たされない。その満たされない欲求から怒りが生じ、それが敵意となり、攻撃性となる。

人は心理的に成長しない限り、攻撃性は不可避である。

「妬みは人を殺す」といわれるがその通りである。

攻撃性が受け身で表現されれば、それは嫉妬や妬みとなる。英語の passive

aggressivenessという妬みの表現は適切である。

苦しみは非難を表現する手段である。

苦悩能力のある人だけが、「苦しみは解放と救済に通じる」というアドラーの言葉を理解出来るだろう。

攻撃性は巧妙に「弱さ」に変装するとアドラーはいう。惨め依存症という言葉があるように、攻撃性は惨めさの誇示に変容する。

自分の惨めさを誇示している時は退行欲求を満たしている。だからなかなか惨めさの誇示は止められない。

神経症者の過度の被害者意識は攻撃性の変装した意識である。

だからこそ全ての人が平和を望みながら、人類の歴史は戦争の歴史である。全ての人が反対する戦争を、人類が繰り返すのは、無意識の領域に攻撃性があるからである。

困難を解決するのに安易な道を選ぼうとするのがノイローゼだとベラン・ウルフはいう。誰だって困難を解決するのに安易な道を選びたい。

残念ながら、困難を解決するのに安易な道を選ぶのが、退行欲求なのである。

フロムの言葉である。

「究めて明瞭なことは、最も重要な要因は矛盾する傾向の有するその強さ、とくにこれらの傾向の無意識の部分の有する強度にある。悪しきことを選択しないで、良きことを選択するために決定的なことは、意識することである。望む目標にいずれが望ましいかを意識すること、表面に現れた願望の背後にある無意識の欲望を発見すること、現実的可能性を意識すること、結果を意識すること（註10）」

怒りの感情で子どもに手を出しながら、「躾《しつけ》のため」という合理化をする。

自分が不安だから離婚しないのに「子どものために離婚しない」という。

夫が働かないから離婚した、夫がアルコール依存症だから離婚した、というが本当は嫌い。

本当のことを認識することを避ける。これが成長を避けることである。そして悩む。

悩みが脳を捕らえているとは、脳がそのようなホルモンで満たされていること。

脳を調べてみると、悩んでいる人は脳の cingulate cortex（帯状皮質）という部分が活動しすぎている。

これを、「毒による恍惚状態(註11)」という。この「毒による恍惚状態」を乗り越えるのが、成長である。

だから成長は苦しい。そんなに生やさしいものではない。それは薬物の魅力を乗り越えるようなものである。

薬物依存症の治療をするのがいかに大変かということは、薬物専門家以外でも承知しているだろう。それくらい成長は大変なのである。

■「人生はままならない」と諦めてしまった人の末路

ある、人生に挫折した、つまり人生を後悔している高齢者の手記である。

彼といさかいがある。彼女とうまく折り合わない。家庭内にイザコザがある。生活が面白くない。勤め先が不愉快だ。朝、起きようとするが何とも元気がない。

数え上げれば不快なことは数限りないが、こうした不快を取り除こうとしても生きている限りなくなるものではない。

不快をなくそうとの努力がかえって不快をつのらせ、不快にのめりこんでゆく結果になる。

朝、目覚めて気分がすぐれなくともいたしかたない。苦しみとは自分が欲していないものが自分の中にあることで、裏をかえせば「人生はままならぬ」ということである。

人生そのものが二律背反的でままならぬものである限り「人生ままなる」ように努力しようとすることは徒労であり苦悩に深入りし、苦悩にとらわれることである。


この人は、成長欲求と退行欲求の葛藤の中で、解決を諦め、そこで安定しようとする。この人は「家庭内にイザコザがある。生活が面白くない。勤め先が不愉快だ」という。

しかしこの人は「なぜ?」ということを考えない。

「なぜ、私の家庭の中にイザコザがあるのか?」と考えればよかった。そこに自分も他人も見えてくる。

「なぜ、他の人は自分と違って生きるのが楽しいのか?」と考えればよかった。

一番の問題は「なぜ、人生はままならないのか?」ということである。

それは、人間の成長は救済に通じるのに、成長に伴う苦しみを避けようとするからである。

人生がままならないのは、幸せになるのに不可避的な苦しみを避けようとしているからである。

幸せになるのに不可避的な苦しみに直面し、ままならない人生を自分への挑戦と受け取っていたら、彼の人生も変わっていた。

この人がもし先のマズローの考えを認めて実行していたら、人生は全く違ったであろう。


私たちは満たされない欠乏欲求がもつ固着や退行の力についてもっと十分に知らなければならない。

安全や安定の魅力についてもっと知らなければならない。

苦悩、恐怖、喪失、脅威に対する防衛と保護の機能についてもっと十分に知らねばならない。

成長し前へ進むために勇気が必要だということをもっと知らなければならない。(註12)

「満たされない欠乏欲求がもつ固着や退行の力」についての無知のために、生涯幸せになれなかった人は多い。

こういう人たちも「私は退行欲求が強い。家族が皆私のことをもっとチヤホヤして欲しい、もっと感謝して欲しい」という自分に気がつき、それを認めていれば、もっと平和な家庭だったかもしれない。

■人生をつまらなくするキーワードが「安全第一」

社会人として一人前の義務と責任を果たすことは苦しい。しかしその義務と責任を果たすことで、社会人としての満足感が出てくる。社会への帰属意識も出てくる。

人が、安全第一になるのは幼児願望が満たされていないからである。社会人として一人前の義務と責任を果たす前に、まず幼児願望を満たそうとする。

しかし幼児願望が満たされていない人は、受け身のままでまず誉めてもらいたい。

安全第一で現実からの退却である。それは夢の喪失である。それは大きくなってしまった幼児である。

オーストリアの精神科医ベラン・ウルフは、それを退却ノイローゼという。

そういう人はいつも何かを恐れているから、怖い夢を見る。そうして自ら狭い世界に入っていく。

自分の人生という大海原に帆を上げて出ていかない。

自我価値の剝奪に怯えていながらも、頑張って現実から退却しないのが、「逃げない勇気」である。

人生という大海原に帆を上げて出ていく、それが現実から逃げない勇気である。

逃げる人は肉体的、社会的に成長しながらも人格の再構成が出来ていない。

新しい環境で生き抜くために再教育が必要でも再教育も拒否する。

先にも書いたが、今一度コロンブスを例に挙げたい。

十五世紀のことである。コロンブスは頭を上げて、手で机をたたいていった。

「私は西に航海しよう」

その時、コロンブスが人生に求めたものは何であったろうか。コロンブスがあのジェノアの海のかなたに思い描いたものは何であったろうか。

なぜ、コロンブスは、あのジェノアの石だたみの上に立って、「私は西へ、西へ、西へ行こう」といったのだろうか？

私は、一九七二年の夏、ジェノアのコロンブスの生家をたずねた。小雨が降っていた。その小雨の中から海を見た時、コロンブスが「西へ行こう」といった時のその人生が何と豊かであったろうかとしみじみ感じた。

「人生意気に感じては、成否を誰かあげつらう」とはまさに成長欲求に従えということだと思った。

ジェノアからリビエラ海岸ぞいに海を見た時、人生の豊かさとは何であるかを思い知らされるような気がした。そして、彼には何という豊かな明日があったであろうか。

まさに「人生意気に感じては、成否を誰かあげつらう」である。「消えざるものは人の成長への決意の美しさ」である。

「西へ行こう」。そういった時のコロンブスの人生の豊かさに比べれば、消費社会の価値獲得に失敗することなど何になろう。

誰の人生にも、航海を待っている大海原がある。しかし「人生意気に感じる」ことを阻《はば》んでいるものがある。それは、安全第一の執拗《しつよう》さである。

人間の心の中にある退行欲求である。

■大切なのは、「自分の悩みや苦しみの原因は何か」を知ろうとする努力

マズローのいうことを一口でまとめれば、

「成長することは、通常、人が考えているよりもはるかに困難に満ちたものであることを、私たちは知らなければならない」

ということであろう。

まさにその通りである。人間は幸せになれるようにプログラムされているわけではない。

生きることを完全に舐《な》めて考えている現代人に必要なのは、人間性の理解である。

幸せになりたいと願いさえすれば、幸せになれると考えている幼稚さである。

基本的欲求が満たされないと、人はなんとしてもそれを満たそうとする。普通の人は、なかなかそれを絶ち切って前に進めない。

悩んでいる人にとって悩むことが最大の救いというのは、退行欲求のすさまじさを表している。

悩んでいる人は退行欲求を満たそうとしている。成長しようとしているのではな

い。成長することで問題を解決しようとしているのではない。

だから悩んでいることが一番楽である。

悩んでいる人自身が、自分の心の中に隠された敵意や隠された憎しみに気がついて、その処置を考える以外に、悩みの解決方法はない。

人は、「安全を求める気持ち」と「成長を求める気持ち」に引き裂かれている。


防衛的な力と成長する傾向との根本的な矛盾は、人間の最も深い本性に埋め込まれている。それは今もまた未来永劫にもそうである。(註13)

次の文章はある人の手記である。


一応「それはそれとして、ともかくおきあがろう」いつもの変わらぬ健康的なリズムをくずさぬことだ。不快、不安を受容し「不快、不安でもいたしかたない」という心が結局は不安や不快にとらわれないことになる。

いわゆる道元がいう「苦しみは避けても、避けられない。それがいやだ、いやだといってもどうにもならず、苦しみながら、なすことをなすのです」といってるからこれは苦しみにとらわれない態度である。

悩みに打ち勝とうとしたらかえって、悩みにこだわり、悩みにとらわれる。

一切の精神的不快や苦悩はそのままにしてただ生活のリズムをくずさぬことだ。

苦悩や不快を心の針のためそのままとっておくのもいい。

不必要なことも取り払おうとせず、そのままかっこにいれてありのままの自然の状態のままでものを見ようとするところ現象学的抽象の態度でゆくのだ。

とらわれず、こだわらず、取り払おうとせず、自然のままにしてこの道を気にせず唯わが道を見うしなわぬことである。

西田哲学の「絶対矛盾的自己同一」のかんがえに通じる。

不快や苦悩を心の針のために、そのままとっておこうと考えるのもいい。とりのぞこうとせず、そのままかっこにいれて、ありのままにものを見ようとするところ現象学的抽象の態度がいい。

とらわれず、こだわらず、自然のまま、わが道を行くのである。

この人は、「とりのぞこうとせず、そのままかっこにいれて、ありのままにものを見ようとする」といいながら、この解釈で逃げてしまっている。

「とりのぞこうとせず、そのままかっこにいれて」ではなく、苦しみと直面することが、成長と救済につながるのである。

こういう人は「苦しみをかっこにいれて」自分の心を見つめていない。「自分はなぜこんなに苦しいのか？」というように自分の心を見つめていない。

「かっこにいれて今日をとりあえず生きる」というのはいいが、最終的には自分の心を正直に見つめなければ苦しみを解決し成長することは出来ない。

このことについての無理が、人の努力を無益なものにする。

どんなに西田哲学を学んでも、道元《どうげん》を学んでも、自分の悩みの原因を知らなければ、意味がない。

それは哲学を学ぶ危険である。

自らの不幸の原因をはき違える。

こういう人にとって哲学を学ぶことは自らの絶望感を合理化するのに役立つだけである。

■「自分を棚に上げる人」の苦しみは一生消えない

最大の危険は、自分のことを棚に上げて議論することである。

死ぬまで成長出来ない人の共通性は、自分のことを棚に上げることである。

「不快や苦悩を心の針のために、そのままとっておくのもいい」といっても、「自分はこんなに苦しいのに、なぜあの人は、自分と違って不快や苦悩という心の針がないのか」と自らを考えることなのである。

自分のことを棚に上げる人は、自分の過去を考えて、「自分は何から逃げて生きてきたのか？」を考えない。

自分は、今の目の前の苦しい事実によって苦しんでいるのか、それとも「肉体的に五十歳の私が、心理的に五歳だから苦しんでいるのか」を考えない。

もし後者なら、苦しみの解決は、事実を変えることではない。自分を変えることである。自分が成長することである。

さらに自分のことを棚に上げる人の共通性は何か？　なぜ自分のことを棚に上げるのか？

それはやはり隠された怒り、隠された憎しみである。つまりこの原点に気がつかない限り成長はない。

私は道元を学んでいないが、道元が本当に望んだことは、多分正反対のことであったろう。しかしこの現象は哲学や宗教以外の他のことでも起きる。

マルクスの名前をかたってマルクスのいわんとすることと反対のことを主張している人がいる。

こういう人たちは別にマルクスを信じているわけではない。マルクス主義を主張することで、自分の自我価値の崩壊を防ごうとしているだけである。

■「自分が何に支配されているのか」にほとんどの人が気づかない

「全ての人は自分の中に二組の力を持っている」という考えは、フロムも同じである。

われわれは人間性の理解が十分でないから、一〇〇人が一〇〇人、平和を望みながら、人類の歴史は戦争の歴史なのである。一〇〇人が一〇〇人、戦争反対でありながら、世界中で戦争が起きているのである。

「戦争反対」と叫んで、何かすごいことを叫んでいる気になっている人がいる。しかしそれは、何もいっていないのと同じである。

「太陽が東から昇る！」と叫んでいるのと同じである。なぜなら全ての人が戦争反対なのだから。

「一〇〇人が一〇〇人、戦争反対でありながら、なぜ戦争が起きるのか？」と考えるから、人間性を理解することが出来てくる。

安全性の優位とは、成長欲求と退行欲求が葛藤して、退行欲求が勝つということである。

幸せは安全性の優位と矛盾する。

幸せになりたいという願望と、その人の隠された憎しみとは矛盾する。

そして多くの場合、人は隠された憎しみに支配される。そしてそれに支配されていることに気がつかない。だから人は幸せを求めながら幸せにはなれない。

人は自分が支配されているものについて無理解である。

自分が自分でなくなる自己疎外は、カレン・ホルナイにいわせれば神経症の核である。そして憎しみが自己疎外の原因である。

傷ついたことから生じる憎しみの感情が優先して、自己実現とか成長は後回しにされる。

憎しみの感情とか、深刻な劣等感は、その人の本来の感情を損なう。

そして隠された憎しみは、まさに意識から隠されている。それが変装してあらわれる。悲観主義的考え方や、惨めさの誇示などさまざまな悩みの形に変装してあらわれてくる。

人は自分が支配されているものを意識していない。だからこそ多くの人は、真面目に努力しながらも不幸になっていくのである。

人は、自分の中の成長することを妨害する力が、いかに強いかということに気がついていない。

それに気がついてくれれば、もっと多くの人が神経症の治療に成功する。もっと多くの人の神経症が治る。

世界はもっと平和になる。

フロイドは、無意識が意識に上がることに抵抗することをレジスタンスというが、その力のものすごさに、悩んでいる人自身は気がついていない。

Resistance は自分を理解することに抵抗する。[註14]

とにかく神経症者は自分に気づくことに抵抗する。本当の自分の姿を知ることを怖れている。

カレン・ホルナイは抵抗の理由を神経症の blockage という言葉で呼んでいる。blockage とは「閉塞」である。

閉塞性の力は成長を妨害する力を意味する。(註15)

とにかく多くの精神医学者は、人間の中に成長を妨害するものがあることに気がついている。

なぜ成長を妨害するのか？　それは神経症者の自我防衛である。

多くの人にとって、成長への道路がないのではない。道路はあるのだけれども、その道路が今遮断されている。

つまり多くの人にとって、幸せへの道路が遮断されている。とにかく人はまずこのことに気がつかなければならない。

■「隠された憎しみ」が、幸せの大敵

カレン・ホルナイやマズローを持ち出すまでもなく、小さな子どもを考えればよく分かる。

お漏らしをした子どもがいる。

おむつかぶれが出来ている。子どもは気持ちが悪い。

でも、お風呂に入れて、綺麗にして、おむつかぶれをなおしてあげようとする人は、子どもにとってイヤな人である。

それをすると、しみて痛いから。

悩んでいる大人でいえば、成長を促す人は、嫌な人になる。

おむつかぶれを、放っておいて付き合ってくれる人がいる。すると子どもにとって、その人は「いい人」になってしまう。

心理的にいえば、成長しないことは、その人にとって楽なことである。だから解決策を考えない人は、「いい人」になる。

本当の意味で面倒を見ない人を、子どもは「いい人」と思う。

これは大人でも同じである。

心理的に病んでいる人は、自分の問題を解決してくれる人を嫌がる。慰めを求めているのであって、解決を求めているのではないからである。

したがって心理的に病んでいる人の周りには、不誠実な人が集まる。

それに対して心理的に健康な人の周りには、成長を促す人が集まる。それが良い人間関係というものである。

幸せな人の共通性として、楽観主義、適切な目的、良い人間関係があげられる。[註16]

この三つとも、自己疎外された人にはない。

自己疎外された人には幸せな人の三つの共通性がない。

幸せな人の三つに共通するのは、憎しみの感情の欠如である。

悲観主義は、アドラーのいうように隠された憎しみである。

隠された憎しみは、適切な目的の障害にもなるし、良い人間関係をも妨害する。

隠された憎しみの感情こそ、幸せの敵である。しかし憎しみの感情は、ある状況では人間の不可避的な感情である。

退行欲求が妨害された時に人は憎しみの感情に囚われる。

そして退行欲求が安全性の優位をもたらす。

人間は誰でも幸せを求めるが、人間性そのものの中に幸せになることを否定するものがある。先にも述べたように、人間は幸せになるようにプログラムされているわけではない。

これが人間存在の矛盾である。人間が生まれながらに持っている矛盾である。原罪という考え方に従って命名すれば、それは人間の原矛盾といってもよいだろう。

むしろ人生の課題とは、その原矛盾を解決することである。

原矛盾とは自己の内なる矛盾である。

■幸せになるのを妨害する力は非常に強い

マズローはさらに次のように説明する。

一組は、恐れから安全や防衛にしがみつき、退行しがちである。人は母親の原始的な結びつきから離れることを恐れる。チャンスをとることを恐れる。すでに持っているものを危険にさらすことを恐れる。独立、自由、分離を恐れる。(註17)

この退行欲求は想像を絶するほど強い。その理解が私たちには足りないから、人はなかなか幸せになれない。

だからこそ人は、気難しい人間として生涯を閉じることも多い。

傷ついた自我とは、生ゴミみたいなものである。傷ついた自我という生ゴミは、過去の体験から生じたものである。不必要なものである。

幸せになりたければ、要するに生ゴミを捨てればいい。

しかし現実にはその生ゴミは捨てられない。

なぜそんな簡単なことを実現出来ないのか？

最新の研究によると、感情的な学習は、脳の別の箇所で、意識することなく行われる。[註18] 私たちは、よく意識しないで学んだことを覚えている。

「感情は学習される」ということの恐ろしさである。

神経症的傾向の強い親に、失敗で侮辱された。子どもはそこで不愉快な感情を学習してしまう。

その学習によって、次に同じような局面があると、侮辱されていないのに侮辱されたと思って不愉快になる。

何か注意される。不愉快になる。なぜなら、侮辱されたと思うから。そういう神経回路が出来てしまう。


同じ刺激が異なるコンテクストでは異なる感情になることに気づかないと、私たちはみずから作り出した感情連想の犠牲となる。[註19]

感情連想の犠牲になるのが、退行欲求に従うことであり、感情連想の犠牲になることを拒否するのが成長欲求に従うことである。

頭ではあの人の態度で不愉快になるのはおかしいと思う。あの人は自分のことを思ってそうしているのだ。そう分かっていても不愉快になる。

「感情は学習される」ことの恐ろしさは、別の視点からいえば、成長の難しさである。退行する誘惑の強力さである。

■「もっと不幸な人生がある」という考えで、自分をごまかす

私たちは自分の欲望の底に潜む力に気がついていない。

たとえば、夫に裏切られた妻が、「子どものために離婚しない」という。しかしそれは建前で、本当は一人になる淋しさや、世間体や、生活が変わることの恐ろしさから離婚しない。

そういうことに打ち勝って、離婚して心をすっきりさせるエネルギーがないから、離婚出来ないで、不満な生活を続ける。

逆の場合である。

夫が働かないから離婚した、アルコール依存症だから、離婚した。そういって自分の離婚を合理化する妻がいる。

でも本当は、夫が嫌いだから離婚したということが多い。

「私は夫が嫌いだから離婚した」と認めれば、心が救われる道が拓けてくる。

夫がアルコール依存症だから離婚した、子どもの教育上良くないから離婚した、と合理化している限り、道は拓けない。フロムがこれについていっていることを要約する。

「究めて明瞭なことは、最も重要な要因は矛盾する傾向の有するその強さ、とくにこれらの傾向の無意識の部分の有する強度にある。悪しきことを選択しないで、良きことを選択するために決定的なことは、意識することである。望む目標にいずれが望ましいかを意識すること、表面に現れた願望の背後にある無意識の欲望を発見すること、現実的可能性を意識すること、結果を意識すること（註20）」

次はある人の手記である。

A氏は、夜の銀座で深酒をし、新橋駅のプラットフォームから足を踏み外し、入線してきた電車に両足を轢断《れきだん》された。自業自得で、全ての原因は自分にあるとしても、思いがけぬ災難である。両足のない人生になってしまったのである。

彼は、病院の窓から差し込む朝日を見て、「おお、朝だ。皆さんお早うございます」と明るく挨拶し、手があることに感謝して、足のない人生を生きている。

人生、愚痴をいいだせばきりがない。足のあるなしなど、各人が与えられている条件のもとで、自分の人生を生きているのが現実だ。

他人の人生に学んでもいいが、まねてはいけない。まねた人生はイミテーションの人生だ。本物の人生は、各人各様に与えられた条件のもとで、自分の人生を生きることだ。それが自分との出会いだ。


さて、実はこの手記を書いた人は、一見、人生の現実ときちんと向き合えているように見えたが、そうではなかった。本当は、自分の不幸を感じるのを拒否していた。自分は幸せでないと思っていることを認めないで、無理に幸せだと思い込むために、両足がない弟と自分を比較して、自分は幸せだと思おうとしていたのである。

心の底では、自分は生きるのが辛いと知っている。生きるのが嫌だと分かっている。

どうにもならない絶望感だった。彼はどうすれば良かったのか？

「弟は両足がなくても元気になれたのに、自分はなぜ幸せでないのか？」と考えれば良かった。

しかし彼は、自分の不幸の本当の原因を見るのが怖かった。つまり自分は自分に絶望していることに気がつくのが怖かったのである。しかしそれは無意識では分かっている。

真実を避けて、苦しみを避けてもっと楽に生きて、幸せになりたいと思って、両足を失った弟と自分を比較した。

要するに何とかして苦しみを避けて幸せになろうとしていた。そこでいろいろと理屈をこね回したのである。

アドラーは、「苦しみは解放と救済に通じる」という。苦しみは成長に通じる。それは裏からいうと、苦しみを避けると幸せになれないということである。成長出来ないということである。


心の弱い人は、何とかして、楽な方法で幸せになろうとする。

あの社長だって、組合の突き上げで大変だよ。

あの家、遺産相続でもめて大変らしいわよ。

こんな話をあちこちで聞く。

みんな、外から見て幸せに見える人だって幸せではないと思いたい。そこで「こんな人たちだってみんな大変なんだ」という。

そう思うことで自分を慰めている。自分で幸せになろうとしないで、人が不幸だと思うことで、幸せになろうとしている。

先の話に戻ると、この人は理屈をこね回して「こうだ、ああだ」といっているが、具体的に行動しない。

「今の自分は幸せだ」と自分にいい聞かせて、人生の問題を乗り越えようとしているだけである。

所謂《いわゆる》「甘いレモン」である。本当はレモンは酸っぱいのに、「甘い」といい張るのだ。「酸っぱいブドウ」も同じ理屈である。

所詮《しょせん》は「甘いレモン」である。つまり、現実否認である。

「甘いレモン」も「酸っぱいブドウ」も単純に現実否認である。現実が辛いから、その現実を「ない」ものとしてしまう。

「私は辛くない」と自分にいい聞かせているだけである。それだけで、何もしない。

この人の場合も「私はこれをしてみよう」という目標を立てない。

Active psychic living がない。

「不活発な心の状態」である。つまりこれは真の解決ではない。

甘えている。

誰かが助けてくれることを待っている。

私は、本当は幸せではない。このことに意識的に気づき、それを現実として認めれば、先は拓けた。

この人も、本当は広範な範囲で不満なのに、理屈をいって「私は満足しています」ということを装う。しかし頑張って充実している生き方をしていない自分の人生を心の底では知っている。

■頭で考えて幸せになろうとしても無理

本当は頑張って充実した人生を送った友人が羨ましい。友人に負けるのが悔しいから、理屈をこねて「私は自分の生き方に満足しています」といっている。

本当は何かに挑戦して生きている人が羨ましいのに、理屈をこねて「私の人生は充実しています」といっている。

本当は権力を持った政治家が羨ましいのに、理屈をこねて「私は満足していま
す、権力は無意味です」といっている。
この手記を書いた人が羨ましがっている人たちは、どういう人たちだったのか。
それは「成長し前へ進むために勇気が必要だ（註21）」ということを無意識に分かって、
勇気を振り絞っていた人たちである。
この人は、自分が羨ましがっている人が、見えないところで何をしていたかに気
がついていない。

この人は本当の自分の心の姿を見つめないで、何とか解釈だけで幸せになろうと
している。だからいつまで経っても幸せになれない。
慢性的に不満である。
慢性的に不満なのは、苦しみを逃げたからである。成長を拒否したからである。
無意識の領域にある怒りと不満に気がつき、それを認めれば、先が拓けた。
無意識の領域にある「安全や防衛にしがみついている」自分に気がつき、それを
認めれば、この人の人生も先が拓けた。
この人も自分の退行欲求の強さに気がつけば、先は拓けた。

人は「すでに持っているものを危険にさらすことを恐れる。独立、自由、分離を恐れる」。

独立、自由、分離への恐怖感から、この人は生産的に生きられない。そう気がつけば、そう認めれば、生産的に生きられた。

自分が支配されているものに気がつかないから、積極的に動けない。

そして偉そうにしている。偉そうにしているのは、「恐れから安全や防衛にしがみつき、退行」しているからである。

■安全な人生を求めて、やりたいことをやらずに生きている

私は、アメリカで出版された名言集を翻訳し、『名言は人生を拓く』（一九九四年、講談社）というタイトルで発刊したことがある。

その名言の一つに、次のようなものがあった。

深く情熱的に愛しなさい。傷つくこともあるかもしれないが、それが人生を精一杯生きる唯一の術だから。

私は次のように解説を書いた。

やはり人生で大切なことは深く情熱的に愛することであろう。今の若者は傷つくのが嫌だから人と深くかかわらないという。

しかし深くかかわらなければ恋愛はしょせん「愛されるゲーム」でしかなくなる。だから何かあるとすぐに別れる。逆に嫌いでもしがみついている。

そして何よりも恋愛がステレオタイプになる。そこで「愛している」という言葉が大切になったりするが、嘘がある。

退行欲求が満たされない人間にとって、安全とは、人に認められ受け入れられることである。人に嫌われないこと、人に軽蔑されないこと、拒絶されないことである。

安全とは、自分が今属している集団から追放されないこと、人間関係で孤立しないことである。人から評価され、愛されることである。

安全とは、保護されることであり、確実な人生を保証してもらうことである。

人はこれらが得られないことを恐れるがゆえに成長出来ないで、幸せを願いつつ、地獄のような人生を送る。

逆に、これらが得られるとなれば、本来の自分自身を裏切ることも辞さない。そして自己喪失しかねない。時には魂を差し出しかねない。

人は安全を得るためなら魂を売ることがある。

人は安全を得ようとして、真の自分を見失う。人は安全を得ようとして、本当の自分を裏切る。


内なる感情や思考は、安全性が優位するところまで後退する。(註22)

マズローも、安全性が確かめられると、より高い欲求や衝動を発現させるという。安全性が脅《おびや》かされると、一段と基本的な欲求に退行する。

カレン・ホルナイの言葉にも、次のようなものがある。


安全をギブアップするのと、成長をギブアップするのとの選択において、通常は安全が勝ち抜く。安全の必要性は、成長の必要性より優勢である。(註23)

マズローもカレン・ホルナイも同じ主張である。

ある高齢者が死を前にして、「やろうとしていたことの一つでもしていたら『俺の人生は』また変わっていたろう」という痛切な後悔の念を書き遺した。

この高齢者は、自分の人生において常に、成長をギブアップして安全を選択してきた。そして安全が確保されたところで出来ることをしてきた。

この高齢者にもいろいろとやりたいことはあったろう。内なる願望はあったろう。しかしその「内なる感情や思考は、安全性が優位するところまで後退」してしまっていた。

この高齢者の言葉は、「私は、安全が確保されたところで、したいことをして生きて来た。しかしそれは、後から考えると全て意味のないことだけだった」という趣旨である。

体制が崩壊しないことを承知の上で、反体制運動をしている若者のようなものである。その時は凄いことをしているつもりでも、大人になってふり返ると、虚しい青春でしかない。

また逆に、権威主義的な親に従って、有名大学から有名企業に行く。ところが、ビジネスパーソンになって自律神経失調症になり、はじめて有名企業に所属することが、自分の心の病の治療にとっては何の意味もないことを知る。そして、「あんなに努力した私の青春は何だったのか？」と後悔する。

皆、「内なる感情や思考は、安全性が優位するところまで後退」していたことを、挫折してはじめて知る。

皆、安全性という土台の上で踊っていたのである。成長をギブアップして、安全を選択しておいて、「悔いなき人生を求める」といっても無理である。

自分は無意識に「成長をギブアップして、安全を選択した」のである。その無意識を意識化することが先決である。

自分の内なる願望は、安全性が優位するところまで後退して、次第に自分の内なる願望は、なくなってゆく。長年にわたって安全性の優位が維持されれば、最後には本当にしたいことはなくなる。

■人間の成長は、不服従から始まる

自分の願望を回復するためには、ささいなことであっても、他人の願望に迎合してものごとを決断しないことが必要である。

成長出来ない人は、嫌いな相手に「君が嫌いだ」と言うことがなかった。

でも、「君が嫌いだ」と言っても、自分の命に関わるわけではないと理解出来れば成長出来る。

それが幸せな人の持っている、良い人間関係観である。

成長出来ない人は、「これを自分にくれ」ということが想像出来ない世界に住んでいた。「これを自分にくれ」ということが許されない世界で成長してきた。そんなことが頭に浮かばない世界で生きてきた。

でも、「これを自分にくれ」といっても、拒絶されない世界があることを理解出来れば成長できる。

単純にいえば、「ありがとう」と素直にいえる人間関係を築く努力をすることである。

成長するのを怖れて退行欲求に従う人は、成長することは、今持っているものを失うことだと思っている。しかし成長することは失うことではなく、新しいものを得ることなのである。

このことについて、フロムは「新しい調和」という言葉を使っている。(註24)

権威主義的な親から自立することは、想像以上に困難なことである。

フロムは、「人間の歴史は不服従によって始まった」という。(註25)

実は、人間の成長は親への不服従によって始まる。

それが自我の確立のスタートである。

母親との原始的なつながりを断つことから始まる。そこから独立と自由へスタートする。(註26)

人間の自立は、孤独に対する恐怖感から始まる。それに耐えられる者だけが自立出来る。

その恐怖感の激しさはその人の運命によって違う。

親が愛情に満ちていれば、子どもは自立に向かって励まされる。

励まされて、励まされて成長する人もいれば、脅されて、脅されて成長する人もいる。

権威主義的な親のもとで成長する人は、なぜそんなに成長することが大変なのか。

それは、親の脅しは追放の脅しだからである。親に従わないことで、一人になる勇気を持たなければならないからである。孤独への恐怖感には普通の子どもは耐えられない。親の不当な権力に従うことで、保護を得る方が安全であると考えてしまう。

自立するためには、親の不当な権力に従わないことで、一人になってもいいという勇気を持たなければならない。

しかし勇気は自立出来た者だけが持つ力である。勇気は成長した者だけが持つ力である。

成長するためには勇気がなければならないし、勇気を持つためには成長していなければならない。

成長する者には、この矛盾を突破することが求められる。

■自立した人になるための「人生を賭けた戦い」

勇気のあるなしは、その人の心理的な発展の程度による。(註27)
その人の自我の確立度合い、情緒的成熟によって勇気は違ってくる。勇気を持つためには自我の確立が必要であるが、自我の確立のためには勇気が必要である。
アメリカのある心理学の教科書(註28)に、Carl Rogers の説の説明が出ているが、そこに次のような文章がある。

私たちが最も自己実現出来るのは、自分に自信がある時である。自我価値の剝奪に怯えていない時である。(註29)

自己実現出来なければ、真の自信は持てない。しかし真の自信がなければ自己実現出来ない。先に書いた原矛盾である。

昭和四十年代頃に、『青年は荒野をめざす』という歌が流行った。その少し後、私は三十代の時に、『幸福に別れを告げよ』（一九七五年、大和書房）というタイトルの本を書いた。どちらも、「自立」をテーマにしたものだ。

しかし、流行に踊らされて、安易に「自立したい、幸せになりたい」というのは、しかるべき訓練も節制もせずに、オリンピックのマラソンで優勝したいというようなものである。

ことに権威主義的な親のもとで成長した人は、ここで「生きるか死ぬか」の戦いをしなければならないといっても過言ではない。

自立を願う者は、生きて帰らぬ覚悟を決めて、荒野をめざさなければならない。

それだけの覚悟がなければ自立は出来ない。それだけの覚悟がなければ、幸せになれない。

国の権威であれ、(註30)**家族内の権威であれ、それと戦うことは、自立した人間になるための土台である。**


戦う以上、死ぬのは覚悟のうえである。

権威主義的な親は子どもの心理的な自立を許さない。それは、親自身が心理的に子どもに依存しているからである。子どもが自立したら、親は心の支えを失ってしまう。

しかし、「自由と不服従は、不可分である(註31)」。

甘えようとしたら母親から体罰を受けた。

こうして母親に甘えられなかった者は一生不機嫌であろう。

大人になって弱い者に暴力を振るう人になるかもしれない。

甘えようとしたら、母親に無視された。

大人になって底意地の悪い人になるかもしれない。

甘えようとしたら、母親から熱いカップを肌に押しつけられた。

大人になって臆病になるかもしれない。

それが人間の自然であろう。

「それにもかかわらず」、成長する。それが真の勇者である。

自立を望むなら、千万人といえども我行かん、千里の道を我は行く、その覚悟が必要である。

■本来の自分を認めて大手を振って歩きなさい

次の文章は、成長しようという覚悟のない人のものである。

「禍福はあざなえる縄のごとし」とか、「楽あれば苦あり」などとか、なんのことなく言われている言葉が人生のリズムの真髄を言ったりしている。

災いがあっても苦しみがあっても、それを当然のリズムとうけとめろというのである。

苦しみも当然のことと受け止め、又楽しみもそのまま楽しむのが人生の姿なのである。

この人は自分で自分にいい聞かせている。

「楽あれば苦あり」が人生の真髄といいながら、「苦」を避けている。

「楽あれば苦あり」というのは、人生の戦場で戦っている人がいうことであり、人生の戦場から撤退してしまった人には、「楽も苦もない」、絶望感だけがある。


リズムは作るものではない、自然のなかにあるもの。リズムに生きるとは自然といったいになること。

矛盾の解決は矛盾をそのままにし、時のリズムを。

不条理は人生の本質であり、人生というリズムの源泉である。矛盾がなければ人生というリズムは動かない。


「苦しみは解放と救済に通じる」というのは矛盾である。誰でも苦しみは望まない。しかしその望まない苦しみを通してしか、望むものが手に入らない。

先の文章の書き手は、「矛盾の解決」は「矛盾をそのままにし」として、逃げてしまう。悟ったようなことをいいながら、全て逃げている。

「不条理は人生の本質」といって逃げている。解決しようとしていない。

この人は、リズム、リズムといいながらもリズムがない生活なのである。リズムにあこがれながらも、生活がリズムに乗らない。

リズムに乗らないのは「自分を隠している」からである。自分を隠している時には生活はリズムに乗らない。

リズムに乗っている時には、たとえば怒っていても、ポンポンと怒りの言葉が出てくる。


右足をだしたら、つぎには左足をだせ、緊張したら弛緩する。人生の不条理はリズムによって自然の動きとなる。

空腹になったり、満腹になったり、「そう」になったり、「うつ」になったり、楽あれば苦ありと言うが苦あればまた楽になろう。

「禍福はあざなえる縄のごとし」とただ、自然のリズムに生きて行く。苦しみをさけてはいけない。深入りしてもいけない。

疲れたら休め、休んだらはたらけ、動いて疲れたらまた休め。息をすったら、息をはきだせ、生まれたら死ね。人生とはリズムである。

「本来の自分」を自分に隠して「人生とはリズム」だというのは、まさに逃げの論理である。自己喪失した人間にリズムはあり得ない。

リズムは生きている証である。人生の戦場から撤退した人が、人生のリズムといっても空疎な言葉である。


右足の次に左足をだせばそれでいい。

どうして右足の次に左足をだすのかなどと考えるのか、理屈であるがそんなことを考える必要はない。

ただ、右足の次にまた右足を出すようになった場合、なぜこんなまねをやるのかと考える必要がでてくるが、リズムがくるった時のみ正論が必要で健康なリズムによって動いている人生に理屈など必要ない。


この人は現実感覚を失っている。だからこうしたことをいちいちわなければ生きていけない。

リズムに乗らないのは、先にも書いたように、この人が本当の自分を自分にも人にも隠しているからである。

要するに、この人は抑圧が強い。

この人は本当の自分を隠したままで生きようとしているから、何をいっても、何を思っても意味がない。

「禍福はあざなえる縄のごとし」からはじまるリズムの考えも「内なる感情や思考は、安全性が優位するところまで後退」している。

だから立ち上がれない。

本来の自分を認めて大手を振って歩きなさい。

その時にはあなたの道は拓けている。

自立とは、自分を信じること。

独立とは、立ち上がること。


いくら理屈をこね回しても、自分を信じられなければ、人に頼るしかない。

オーストリアの精神科医ベラン・ウルフが「人生の戦場」という言葉を使っているが、まさに人生は戦いである。

「やりたいことができなかった」などと後悔する人は、自分が「安全と成長が戦う戦場」に生きていることに気がついていない。

実際には戦場にいるのに、平和な島にいると思っているから、撃たれるのである。つまり不幸になるのである。

■感情を素直に出せる環境が幸せの源泉

危険を恐れず生きよ。チャンスを掴め。（註32）
Live dangerously. Take a chance.

よく「自分に負けるな」とか、「自分自身が、自分の障害である」とかいう言葉を耳にする。私自身、『自分に負けない生き方』（一九八一年、三笠書房）というタイトルの翻訳本（著者はデヴィッド・シーベリー）を出している。

要するに「自分に負けるな」とは、「自らの安全への必要性に負けるな」ということである。「安全よりも成長を選択せよ」ということである。

自分に負けない勇気とは、自分の退行欲求に勝つ勇気ということである。

勇気の欠如は、退行欲求に負けることだから、常に不満に悩まされる。それがアドラーのいう攻撃的悩みである。力への願望が隠されている。

通常、安全を感じて育ってきた子どもの方が、健康に成長へと進むとマズローはいう。満たされないと、その安全への必要性が、無意識の世界に永久に残る。

そして無意識の領域から、満たされることを求め続ける。背後から永久に、満たされることを要求し続ける。（註33）

これが自己執着の強い人である。

自己執着の強い人は、自分が自分の無意識にある欲求不満に背後から支配されていることに気がついていない。

小さい頃に満たされなかった「安全への必要性」が無意識の世界に残っている。退行欲求が、心の地下に埋められている。そしてそれは満たされることを常に求めている。

自己執着から抜け出すためには、このことに気がつかなければならない。

多くの人は理想の環境で育つのではない。親も人間だから理想の親というわけにはいかない。

中には神経症的傾向の強い親もいる。そうした親から生まれた人は、小さい頃から生きることが地獄である。

この地獄の戦場を生き抜くことが成長することであり、幸せにつながることである。

もちろん、戦いにひるむことはあるだろう。戦場を生き抜く勇気を失いそうになることもあるだろう。それは苦しい。

しかしそれが、マズローのいう成長の条件であり、アドラーのいう「苦しみは解放と救済に通じる」の意味である。

マズローの、「成長し前へ進むために勇気が必要だ」という言葉の通りである。(註34)

マズローのいうごとく、退行欲求は正常な欲求である。黒い力も正常である。甘えも正常である。

泣くということは退行である。子どもは退行を許すことで成長できる。「後退することを認めてやらなければならない」(註35)。

その通りである。

しかし中にはそれさえも許されない親子関係で育つ人もいる。親はそれを「認めてやらなければならない」のに、神経症的傾向の強い親は、子どもの退行欲求を認めない。

そういう親子環境に生まれた人は、地獄の戦場で勝ち抜いていくことを決意するしかない。

奇声を発するにしろ、泣くにしろ、マイナスの感情を出させれば、子どもは心理的に安定する。マズローのいう「退行の尊重」である。

マイナスの感情を吐き出せない「良い子」は、前向きになれないままにせっかくの才能を潰してしまっているかもしれない。

先にも書いたようにマズローは退行することも自然という。


かれのおそれが丁寧に受け容れられた場合にのみかれは大胆になることができる。黒い力も成長の力と同じように『正常』であることを知らねばならない。(註36)

感情が素直に出せる子に育てれば、大人になって神経症になることは少ない。

感情が素直に出せない環境で成長しても、それでも神経症にならない。あるいは大人になって自分が神経症であることに気がつき、それを認めて治す。

それが本当の勇気である。それが本当の「生きている意味」である。

■「成長欲求に従って生きる」しか人間を磨く道はない

人には成長欲求と退行欲求がある。

成長欲求に従って生きられるように退行欲求を満たしてあげる。これは良い意味での甘えを満たすことである。

フロムは「報酬としての愛」という言葉を使っているが、親の「愛」が親の側の操作である時には、「甘えを満たすこと」は悪い意味である。親が気に入ることをした時に、子どもは愛される、ということになり、それが「報酬としての愛」である。

しかしフロムのいうように、「報酬としての愛」は真の愛ではない。

逆に、子どもが成長欲求に従って行動した時に、親は愛してあげる、誉めてあげる。それは良い意味で子どもの甘えを満たすことである。

励ますことは、成長欲求と退行欲求の両方を満たす時に、常に成功する。

ただ「頑張れ!」というのは、成長欲求だけだから、時に逆効果をもたらすことがある。

相手からベストを引き出すために甘えさせるのが、指導である。選手とコーチ、親子関係、先生と生徒、上司と部下、友達同士、恋人同士、夫婦等々である。

ただ退行欲求を満たすこと、ただわがまま通りにすることは、愛でもなければ、励ましでもない。

しかし現実の世の中では、必ずしも「自分のベストを引き出す」ような指導者に出会えるわけではない。逆に自分のワーストを引き出す人たちに囲まれることもある。

人生の戦場で戦い、勝ち抜くとは、自分のベストを自分が引き出すことである。

生きることは誰にとっても試練の連続である。棺桶の蓋が閉まるまで試練は続く。

人は、試練に「耐えて、耐えて」自らを向上させる。

「神様、もう勘弁してください」と思っていると、神様はその上にさらに重荷を乗せてくる。

その重荷に耐えていることで、人間は磨かれる。

「成長欲求に従って生きる」という困難以外に人間を磨くものなどない。

別の言葉でいうと、「自分自身が、生まれ持って来た夢に忠実であれ」ということである。夢に忠実であろうとすれば、成長欲求に従わざるを得ない。

夢を捨ててはいけない。

人生には不可避的な試練というのがある。それは退行欲求と戦うという時の試練である。

人間として生まれた以上、困難は不可避的なものである。試練を避けることは出来ない。

心理的に健康な環境で成長した場合でさえ、人生それぞれの時期の心理的課題というのがある。詳細は専門的になるのでここでは説明しないが、幼少年期から高齢期まで課題の連続である。それは不可避的課題である。

いわんや、心理的に不健康な環境で成長した場合には、すさまじい課題が死ぬまで続く。

「戦いに勝ち抜く」には、自分の中の退行欲求を明確に意識し、それに勝ち抜かなければならない。

自分の社会的年齢、肉体的年齢と心理的年齢とに大きなギャップがある人は、それぞれの人生の時期のどこで躓《つまず》いたかを自覚する必要がある。まず敵を明確にすることである。

自分だけは困難を逃れたいというのは神経症者である。

それが神経症者の「私は特別」という意識である。

生きるのがあまりにも苦しい、厳しい。そこで「私を特別に救ってくれ」というのが神経症的要求である。

しかし人間として生まれてきた以上、誰もが困難は避けられない。試練は避けられない。

ましてや厳しい環境に生まれた人は想像以上にそうである。

試練を避けようとするから、もっと辛いことに追い込まれる。それが今の立場に固執するということである。

過去のことなど、仕方のないことにいつまでもこだわる。厳しい環境に生まれて無気力になると、どうしてもこのような議論になる。

■自分と他人の類似性・相違性を認識することも、人生のヒント

しかし一つ一つの試練に耐えれば成長と救済に通じる。厳しい環境に生まれた人は、どこでなぜ躓いたかを自己分析して、焦らないでどのように乗り越えたらいい

かを一つ一つ解決していかなければならない。

たとえばスーザン・コバサの「逆境に強い経営者の研究」が参考になる。(註37)

逆境に強い人は、困難を自らへの挑戦と受け取る。それが成長への願望を持っている人である。

成長するということは、困難に向き合っていくことである。現実から逃げないことである。

逆境に強い人は楽観主義である。悲観主義は退行欲求の隠れた表現である。

先にも例に挙げたコロンブスは、凄い楽観主義者であった。海の上で二週間陸が見えなくても耐えた。

全ての人は、人生の大航海者である。この人生という大海原を乗り切るには、誰でもコロンブスのような決断と勇気がいる。

コロンブスを特別に偉大な人と思ってはいけない。自分の周りの人と全く違った人と思ってはいけない。

コロンブスにはコロンブスの人生があり、私には私の人生がある。

私は二十代に『俺には俺の生き方がある』（一九六五年、大和書房）という本を書いた。

人には人それぞれの人生がある。人には人それぞれの苦しみがある。人には人それぞれの「生きる障害」がある。人には人それぞれの運命がある。

小さい頃からいろいろと楽しい人生だった人もいる。その結果、小さい頃から楽しい体験がたくさん扁桃核に蓄積されている人もいる。

逆に小さい頃からとにかく辛い人生だった人もいる。生まれてから辛いことを我慢するだけの人生だった人もいる。そういう人は大人になっても小さい頃からの辛い体験が扁桃核にたくさん蓄積されているだろう。

両者が四十歳になって同じ体験をしても、二人は全く違った感情を持つ。

小さい頃から楽しい体験が扁桃核にたくさん蓄積されている人は、その体験を楽しいと感じるだろう。外からの刺激はその人の神経回路を通ってその人に伝わる。

逆に今体験していることはなんでもないことなのに、不愉快に感じる人もいるだろう。とにかく何があっても、毎日が不愉快で不愉快でどうにもならない。

この両者にとって人生は全く別のものである。

コロンブスと自分との違いは、自分と周りの人との違いと同じである。

自分と他人との類似性と相違をしっかりと認識しなければならない。

そうすれば、全ての人は自分が生きることの参考になる。いや、人間ばかりでない。他の動物を見ても自分が生きる参考になる。

■一つのことをきちんと成し遂げることの大切さ

人は自分の力で何かをすることで自信がつく。どんな小さなことでも、自分の力でやれば自信がつく。

コロンブスのように大きなことをするから自信がつくのではない。

自分でない自分を生きてきて、生きる虚しさに苦しんでいる人は、つい大きなことをすれば自信がつくと錯覚する。

コロンブスを見習いながらも、コロンブスではない「この自分」が生きてきた体験を糧《かて》にして、自分自身の人生を生きる決心をする。自分の失敗と自分の成功の体験を糧にして、自分の力で自分の人生を作る。

それが本当の尊い芸術作品である。

幸せとは基本的に、人生における個性化の過程に成功することである。つまり不幸になる人は、個性化の過程で体験する孤独に負けて、人に迎合して自分でない自分で生きてきた。そして自分を見失い不幸になった。

個性化の過程に成功するためには、孤独と不安に立ち向かう勇気が欠かせない。

そういう勇気の持ち主は、意識と無意識の乖離《かいり》がないから、努力が報われる。つまり自己実現している。

ボールビーやフロムのいうごとく、個性化の過程に成功する人は、母性剝奪の体験がない。

したがって真の勇気とは、愛に恵まれない環境に生まれて母性剝奪を体験しながらも、なお最終的に成長欲求を選べることである。

心理的に成長していない親には子育ては出来ない。

でもそういう親に育てられた人もたくさんいる。

「母なるもの」を体験していない人は、生きるのに必要なエネルギーがない。

それにもかかわらずイヤなことを、その場で一つ一つ対処をして生きて来た人がいる。それが真に勇気のある人である。

誇りは、自分の今までの生き方からつくられる。

ずるく立ち回って大成功しても、誇りはもてない。自我喪失して大成功しても、誇りはもてない。

どんな小さなことでもいい。

一つのことをきちんと成し遂げることからはじめる。それが勇気。

ことに心に傷があった時には、小さなことを一つ一つクリアしていくこと。

その体験が「母なるもの」の力を与えてくれる。「母なるもの」を体験していない人は、毎朝「私は幸せになる」と口でいうか、書いてみる。

私の人生は嫌なことばかりだった。でも「私は幸せになる」と、書いてみる。それが勇気。

「喧嘩に強くなるぞー」といって、桃太郎のように鬼征伐に行くことが勇気ではない。

「母なるもの」を体験していない人、つまり愛情飢餓感の強い人は、つい大きな望みを実現することが自信になると錯覚する。

■「神経症的」な親に育てられる子どもの悲劇

真の自分の成長を止める家庭環境とは、どういうものであろうか。

それは親が、自分の神経症的必要性に従って子どもに接することである。(註38)

「親子の役割逆転」などがその具体的な例であるが、要するに親は、自分の神経症的欲求を満たすために、子どもをコントロールしようとする。

たとえば、家族のことを全てに優先しなければならないような、子どもにとって息詰まる家庭などがそうである。それは親の愛情飢餓感を満たすための家庭である。

親の側の神経症的必要性に従わせられる。それはたとえば家族旅行。親が自分の愛情飢餓感を癒やすために家族旅行に行きたい。自分が行きたいのに、子どもには「お前のために旅行に連れて行ってやる」と恩に着せる。

恩に着せるのは、あくまで親の心理的必要性からである。

このような親の態度が子どもの基本的不安感の原因になる。親の方が子どもにしがみついている。

フロイドに次のような言葉がある。

神経症の親たちは、一般に、過剰な愛情を示す傾向があり、彼らは、愛撫によって子どもの神経症への気質を最も誘発させやすい親たちであることは確かである。(註39)

神経症者の愛撫とは、どういう愛撫であろうか。それは自分が安心するために子どもを愛撫することである。ちょうど飼い主が飼い犬を愛撫するのと同じである。

神経症者の愛情は、過剰な虚偽の愛情になる。だから親の神経症が子どもの心を破壊し、子どもが犯罪や非行、自殺など社会的悲劇を起こした時に、メディアは「父親は子煩悩だった」と書く。メディアが「父親は子煩悩だった」と書いた時には、父親は強度の神経症者だったという意味である。

愛撫は、普通は本能でする。心理的に健康な人は、自分が安心するために愛撫することはない。

ところが神経症者は、自分が子どもを抱くことで自分が安心しようとする。

神経症者が愛撫する時には、相手の存在はペットやぬいぐるみと同じである。

確かに成長出来ない環境で生まれても、成長してくる人もいる。

子どもをいじめる父親や母親は、案外たくさんいる。子どもをいじめる親は、心が満足していない。だから子どもは何をやっても誉めてもらえない。貶《けな》される。

しかしそれでもなお成長する人もいる。それが勇気ある者である。

彼らはまず、自分はどういう環境で成長したかをハッキリと自覚する。そして自分の中には、成長を阻害する強力な力が働いていることを理解する。

それをしっかりと理解出来れば、そういう自分が成長するためには、どういう人と付き合えば良いのか、どういう会社にいく努力をすれば良いのか、今誰から離れようと努力すれば良いのか、自分は何を頼りに生きる努力をすれば良いのか、今しがみついている何を手放す努力をすれば良いのかなど、いろいろなことが分かってくる。

つまり、生きる方向性が見えてくる。方向性と信念があるから生きていかれる。

■「人に見せるための生き方」はおやめなさい

依存心は不可避的に支配性を含んでいる。小さな子どもと母親を見れば分かる。

依存心の強い小さな子どもは、母親を自分の思うようにしようとする。

そして思うようにならなければ、不満だから泣いて騒ぐ。

小さな子どもから少年になれば、泣いて騒げないが、不満は同じである。その不満は敵意になる。

これが個別化の過程のスタートである。

そして個別化が進み、自立が完成すると、再び近い人との関係は良好になる。それは自立することで、依存的敵意がなくなったからである。

自立とは、自分を信じること。愛されることばかり求めるのではなく、愛する能力を身につけることである。


自我に目覚め、個別化の過程をあゆむのが成長である。困難であり苦しみである。しかしこの苦しみは成長と救済に通じる。

逆に依存心から自立への願望を抑圧して従順にしていることは、その場その場は心理的に楽である。しかしこの楽な人生は人間の成長と救済につながらない。

独立とは、立ち上がること。

自分を信じ、立ち上がる。それが個性のある人間である。


なぜ人は服従しようとするのか?

それは安全で、保護されるから。

服従していれば、私は一人でないから。（註40）

傷つく勇気を持たねばならない。

人は失敗をして傷つけられることを恐れている。

しかし失敗がその人を傷つけたのではない。失敗の体験を通して、その人がその人自身を傷つけただけである。

小さい頃の失敗がトラウマになっている人がいる。

大人になった時には周囲の世界は違っているのに、つまり失敗した自分を皆はバカにしていないのに、バカにされると思っている。

今、目の前にいる嫌な人に心が囚われてしまうのは、その人を通して今までに蓄積された嫌な人の感情的記憶が燃え広がり始めるからである。

今起きたことが引き金となって、昔の不快な記憶が燃え広がっていく。やがて山火事のように巨大化し制御不能になってしまう。

したがって大切なことは、否定的な人たちに自分を判断させないことである。

もともと人を否定ばかりする人たちだから、誰でも否定するのに、「自分だけが」否定されたと思ってしまう。

消極的な人びとからどんな扱いを受けようとも、自分を〝だめな〟人間だなどと思ってはいけない。(註41)

傷つく勇気を持てば、成長出来る。

成長することが人間の「唯一の正しい生き方」である。

成長には不安と混乱が伴う。傷つく恐れもある。しかしその恐れを乗り越えて、自分の潜在的能力を使う勇気を持つことである。

不安と混乱を覚悟することではじめて、自分の潜在的能力を使う喜びが体験出来る。

そしてその喜びの体験がその人を救う。

「失われた楽園」ということがよくいわれるが、「獲得した楽園」というものもある。

ただ成長という意味を間違えてはならない。

成長とは自分自身になることである。

紅葉を見て思った。

葉は輝いて散っていく。最後が最も美しい。

葉は「私は花になれない」といわなくても良い。

葉そのものが、花なのである。

自分の偉大さを人に見せようとしている限り、自分が自分の偉大さに気がつくことはない。

人に見せるためではない生き方を始めた時、人は自分の成長に気がつく。

人に見せるためではない仕事を始めた時、人は自分の偉大さに気がつく。

■「他人からの評価などどうでもいい」と思うだけで楽になる

ある人の文章である。

こうしなくてはならないということの考えがわれわれの自由な思考のさまたげになっている。

何もこうしなければなどというものはないのだが、いつかそれが、しんそこから自由に自分の人生を生きるさまたげになっている。こうしなければなどと、も

う一つの人生を考えずにこの人生を存分に生きよう。それが自由の人生である。


このようにいう人は多い。そして望むように生きられない。

この人も、「存分に生きよう」といいながら、実際には存分に生きられない。「自由の人生を生きよう」といいながら、現実に自由の人生を生きられない。

それは、「なぜ自分は、自由に人生を生きられないのか？」を考えないからである。

それは自分に自信がないからである。

このような人たちは、「存分に生きよう」と願うことだけで、存分に生きられると思っている。それにふさわしい努力をしないで、ただの願いだけで十分と思っているのは神経症者である。

「自由に自分の人生を生きられない」のは、その人たちが、人から悪く思われること、低く評価されること、拒絶されることなどを恐れているからである。

他人の評価を捨てることが出来る。他人の評価を得るための行動がなくなる。

さらに具体的な努力を始める。それではじめて「自由に自分の人生を生きられる」可能性が出てくる。

「存分に生きよう」と願いながらも、「存分に生きる」にふさわしい努力をしなければ、「存分に生きる」ことは出来ない。

コロンブスが、ただ「西へ行こう」と願っても、アメリカは発見出来ない。

カレン・ホルナイは神経症的要求の一つの特徴として、「それにふさわしい努力をしない」ということをあげている。

成長の努力をしなくても幸せになれると錯覚している人がいる。

仕事を得る、幸せになる、困難を克服する、何事もそれを願うだけでは実現しない。

しかし神経症者は、それを願うだけでそれが実現すべきだと思っている。

虚栄心の強さから悩んでいる人の無意識の要求は、何もしなくても幸せになれることである。

しかし自分が努力しない限り、誰も幸せにはしてくれない。

幸せは、赤ちゃんのように「アメちょうだい」といえば得られるものではない。

しかし、「心理的な幼児」は、楽をして欲しいものを手にいれようとする。

コロンブスになるにふさわしい努力をしないで、コロンブスになりたい。

つまり現実に生きていない。

■「自分には自信がないのだ」と認めるだけで、人生は好転し始める

よく不眠症の人に、

「眠れなければ眠れないでいいやと思いなさい」

とアドヴァイスをする。

しかし眠れなければ眠れないでいいやと思えるのは、その人が満足しているからである。

「こうでなければならない」と思うのは、自分に自信がないからである。

自分は「こうでなければ」相手にしてもらえないと思うから「こうでなければならない」と焦っているのである。

「こうであっても自分は受け入れられる」と思えば、人はありのままの自分で生きられる。他人も自分自身も受け入れられる。

自分に向き合い、「自分には自信がないのだ」と気がつかない限り、どんなに「存分に生きよう」と願っても、存分に生きられない。

この人が「存分に生きられない」のは、「自分に失望している自分と向き合う」という苦しみから逃げているからである。

苦しみから逃げているから、いつまでも心の救済に至らない。

成長には不安と混乱が伴う。この人は「この人生を存分に生きよう」と願うが、同時に、「不安と混乱は避けたい」と願うから、存分に生きられない。

「なぜ自分は、自由に人生を生きられないのか？」を考えないから、自由に人生を生きられないのである。より基本的に述べれば、多くの人にとって、成長への道路が遮断されていることに気がついていないからである。

この道路を開通させれば、人は幸せになれる。自我防衛を止めれば、多くの人は幸せになれる。

人は自らの成長を妨害しているものが、自分の中にあるということに気がついていない。

虚栄心の強い人は大きなことをしようとするのだけれども、それにふさわしい堅実な努力はしない。

人の知らない「うまい話」で儲けようとする。抜け道を探す。掘り出し物を探す。

そうして毎日無理をしてしまう。でも、無理をしなくても手に入るものがある。

どんなに虚勢を張っていても、無意識の領域では迷路でさまよう自分の心を知っている。

だから虚勢を張らないで、ありのままで生きてみよう。

少しだけ、「ふり」をやめてみよう。

今日だけ、「ふり」をやめてみよう。

「ふり」をしても何も解決しないのだから。

そのままの方が好かれる。いいたいことをいっても嫌われない。

自分を受け入れるということは、どのような自分であれ、その自分の価値を信じることである。

どのような自分であれ、その自分に喜びを感じること。


イルカとふれあうことで「心の病」を治療する方法が、アメリカのテレビで放送されたことがあった。

この治療が成功するのは、きっと、イルカに嫌われるという恐怖が、人間の方にないからだろう。

自分の存在を認められた時に人は治る。

「感情はとらわれに基づいている」と、ハーヴァード大学のエレン・ランガー教授はいう。(註42)

人は時に、本当は恐くないものを恐いと感じている。事実は恐くなくても、恐いと感じる。

悩んでいる人は現実に直面することを恐れている。現実に直面することで、自我価値の剝奪を恐れているからである。

人は自分で自分を傷つける。

そして傷つくまいと気を張って疲れる。

神経症者は現実を敵と思っている。ベラン・ウルフは、現実は味方といっている。

現実は自分を傷つけない。自分を傷つけるのは自分である。

［註］

1　Joseph LeDoux, *Emotion, Memory and the Brain*, Scientific American, June 1994, pp.50-57

2 Abraham H. Maslow, ***Toward A Psychology of Being***, D. Van Nostrand Co. Inc., 1962, p.54
3 ibid., p.55
4 ibid., p.55
5 Abraham H. Maslow, ***Toward A Psychology of Being***, D. Van Nostrand Co. Inc., 1962,『完全なる人間』上田吉一訳、誠信書房、一九六四年六月十日、八四頁
6 Abraham H. Maslow, ***Toward A Psychology of Being***, D. Van Nostrand Co. Inc., 1962,『完全なる人間』上田吉一訳、誠信書房、一九六四年六月十日
7 Michael J. Gelb, ***Discover Your Genius***, Harper Collins, 2002, p.91
8 ibid., p.93
9 Erich Fromm, ***The Art of Loving***, Harper & Row, 1956,『愛するということ』懸田克躬訳、紀伊國屋書店、一九五九年一月二十六日、一六頁
10 Erich Fromm, ***The Heart of Man***, Harper & Row, 1964,『悪について』鈴木重吉訳、紀伊國屋書店、一九六五年、一七九頁
11 Edward M. Hallowell, ***Worry***, Pantheon Books, A Division of Random House, Inc., New York, p.60
12 Abraham H. Maslow, ***Toward A Psychology of Being***, D. Van Nostrand Co. Inc., 1962, p.55
13 ibid., p.55
14 Karen Horney, Edited by Douglas H. Ingram, ***Final Lectures***, W. W. Norton & Company, 1987, p.71
15 ibid., p.73

16 Michael Argyle, ***The Psychology of Happiness***, Methuen & Co. Ltd., 1987, p.124
17 Abraham H. Maslow, ***Toward A Psychology of Being***, D. Van Nostrand Co. Inc., 1962, p.55
18 Joseph LeDoux, ***Emotion, Memory and the Brain***, Scientific American, June 1994, pp.50-57
19 Ellen J. Langer, ***Mindfulness***, Da Capo Press, 1989,『心の「とらわれ」にサヨナラする心理学』加藤諦三訳、ＰＨＰ研究所、二〇〇九年十月二日、二五三頁
20 Erich Fromm, ***The Heart of Man***, Harper & Row, 1964,『悪について』鈴木重吉訳、紀伊國屋書店、一九六五年、一七九頁
21 Abraham H. Maslow, ***Toward A Psychology of Being***, D. Van Nostrand Co. Inc., 1962, p.55
22 Karen Horney, ***Neurosis and Human Growth***, W. W. Norton & Company, 1950, p.21
23 ibid., p.58
24 Erich Fromm, ***On Disobedience***, Harper Perennial Modern Thought, 1963, p.2
25 ibid., p.1
26 ibid., pp.1-2
27 ibid., p.9
28 Lawrence A. Pervin, ***Personality***, John Wiley & Sons, Inc., 1970
29 ibid., p.197
30 Erich Fromm, ***On Disobedience***, Harper Perennial Modern Thought, 1963, p.11
31 ibid., p.9
32 Béran Wolfe, ***Calm Your Nerves***, Garden City Publishing Co., 1933, p.225
33 Abraham H. Maslow, ***Toward A Psychology of Being***, D. Van Nostrand Co. Inc., 1962, p.58

34 ibid., p.55
35 Abraham H. Maslow, *Toward A Psychology of Being*, D. Van Nostrand Co. Inc., 1962,『完全なる人間』上田吉一訳、誠信書房、一九六四年六月十日、八四頁
36 前掲書、八四頁
37 ニューヨーク市立大学のスーザン・コバサ教授が、八年かけて、ビジネス・エグゼクティヴの集団を対象に、会社経営に伴う危機や混乱に直面した時、彼らがどう対処するかを調べた。調査はシカゴ大学で行われた
38 Karen Horney, *Neurosis and Human Growth*, W. W. Norton & Company, 1950, p.18
39 John Bowlby, *Separation, Volume2*, Basic Books, 1973, p.278,『母子関係の理論２　分離不安』黒田実郎・岡田洋子・吉田恒子訳、岩崎学術出版社、一九七七年、二七一頁
40 Erich Fromm, *On Disobedience*, Harper Perennial Modern Thought, 1963, p.8
41 Denis Waitley, *Being the Best*, Thomas Nelson Communications, 1987,『自分を最高に活かす』加藤諦三訳、ダイヤモンド社、一九八九年二月二日、四七頁
42 Ellen J. Langer, *Mindfulness*, Da Capo Press, 1989,『心の「とらわれ」にサヨナラする心理学』加藤諦三訳、ＰＨＰ研究所、二〇〇九年十月二日、二五三頁

第四章

他人の評価を気にして生きるなんてバカげている

■人生には「欠乏動機」という落とし穴がある

マズローによれば、動機には欠乏動機と成長動機の二つがある。（註1）
欲望、願望、あこがれなど求めているものが欠乏したときに、人は動機づけられる。それが欠乏動機である。
欠乏動機は、それが満たされないと健康を害するもの。その欲求は基本的なもので、人が健康のために満たされなければならない、主体以外の人間によって外部から満たされなければならない。
欠乏動機とは、安全、所属、親密な愛情関係などの基本的欲求が欠乏しているときに、それを満たそうとする動機である。（註2）
嫌いな仕事だけれども、皆が賞賛してくれる。
好きな仕事だけれども、誰も誉めてくれない。
どちらを選ぶか。

前者を選ぶ人が欠乏動機で動いている人である。

本当はマンゴーが嫌いでも、「あの人は高価なマンゴーを食べている」といわれて満足する。そのマンゴーを食べる動機が欠乏動機である。

自分はマンゴーが美味しくない。自分ではマンゴーがなんで良いのか分からない。

欠乏動機で動く神経症者には好きなものがない。

周りは嫌いなものばかりである。

しかし、そのなんでも嫌いな人が、その嫌いなものに「これは価値がある」と主張することがある。

そして、それを獲得しようとして努力する。

それが欠乏動機からの努力である。

自分が嫌いなら相手に優しくなれない。

どんなに花が好きでも、心が満足していなければ、花を折ることもある。

どんなにその人が好きでも、心が満足していなければ、意地悪をすることもある。

そんな時でも「優しくなりなさい」という規範意識とか道徳に従う。心の底では嫌だけれども、それが欠乏動機からの努力である。

満足していない中で選択するのが欠乏動機。

満足している中で選択するのが成長動機である。

欠乏動機と成長動機の葛藤は、生涯を通じた葛藤である。

ある高齢者が「やろうとしていたことの一つでもしていたら『俺の人生は』また変わっていたろう」という後悔の言葉を書き遺した。

それをいいかえれば、「一度でも成長動機に従って行動していたら、私の人生は変わっていたろう」ということである。

この人はずーっと欠乏動機に従って動いていた。

■ダメな夫と別れられない妻の心を支配しているもの

世の中には、「死んでも不幸を手放しません」という人がたくさんいる。それは退行欲求の強さを表している。

人は不安を避けたい。そこで命がけで不幸にしがみつく。「幸福か不幸か」の問題よりも、「不安か安心か」の選択の問題の方がはるかに本質的で、深刻である。

人は不幸と不安のどちらかを選ばなければならない場合、不幸を選ぶ。

別の視点で表現すれば、それが退行欲求の恐ろしさである。

夫はアルコール依存症で妻に暴力を振るい、働かないで浮気をしている。妻の働きで生計は成り立っている。

妻としては、別れれば良いはずである。しかしどんなに不幸でも、離婚する不安よりはよいと考えて別れることができない。

だから「死んでも不幸を手放しません」という態度にならざるを得ない。

それは不安よりも不幸の方が心理的に楽だからである。

結果はどうなるか。

長いこと安心を求めて欠乏動機で動いていれば、次第に無気力になる。

また他人に気に入られることばかりしていると、自分の欲しいものが分からなくなる。

やっていることに興味がなければ、エネルギーは長続きしない。

自己実現が成長動機からの行動であり、自己栄光化が欠乏動機からの行動である。

大部分の神経症は、他の複雑な決定要因とともに、安全、所属、同一化、親密な愛情関係、尊敬と名誉に対するみたされない願望から生じるものである。（註3）

他人の心を失うことを恐れて行動する。そのような行動は、自分の本性を裏切る行動であり、欠乏動機からの行動である。

そうした態度が長く続くと、自分は何者であるかが分からなくなる。

そして偽りの人間関係を維持するために本来の自分の感じ方、考え方を犠牲にする。そのように自分を偽っているうちに、自分が本当はどのような人間であるかも分からなくなる。

自分の欲しいものが分からないと、他人に気に入られることしか考えない。悪循環していく。

■自分の本性を裏切り続ける「疑似自己」の恐さ

マズローは「完全な矛盾（註4）」という言葉を使っている。要するに、社会的正常性と心理的正常性が矛盾するということである。

全ては正常であるが、彼は拒絶されている。つまり無気力になっている。生きている意味が分からなくなる。

愛されていない子に、
満足していない子に、
いじめを禁じれば、その子がノイローゼになるかもしれない。

自分を侮辱する相手に対して従順になることで自分を守ろうとする。そうするとそのたびに、自分が自分にとって頼りなく感じるようになる。

その結果、本当に楽しいということがなくなる。

真の自己の発展は「楽しいこと」の体験が欠かせない。

そういう中で、劣等感を持つと二つのことが出てくる。

1　人間嫌い。

2　楽しいことがない。

自己実現にはどうしても自己信頼が必要である。

自分の本性を裏切るなどの行動を続けながら、社会的に正常でいることは、病気なのに健康なフリをしながら生きているのと同じことである。

人に負けても良い。しかし自分の退行欲求に負けるな！

自分の本性を裏切りながら生きていかざるを得ない人がいる。

それは「疑似自己」である。

「疑似自己」とは本当のことがいえないで生きている人の「自己」である。

なぜ彼女は好きでもない人と結婚したのか。

それは、マズローの言葉を借りれば「喜びのためではなく生きのびるため」である。(註5)

「疑似自己」とはまさに生きのびるための自己である。

自分にとって重要な他者に気に入られるために、楽しくなくても「ああ、楽しかった」と思わなければならない。

そして大袈裟に「ああ、楽しかった」という。

父親にいわれた草取りの仕事で疲れているのに、「疲れた」といえない。父親に気に入られるためである。

■「未練が未来を閉じ込める」ことを心に刻め

真面目に努力しながら挫折する人は、小さい頃から従順であった。自分の意志で何かをしてこなかった。

従順そのものが悪いのではない。何に従順であったかということが問題である。病んだ集団の中にいて従順であれば、その人自身が病んでいく。

自分が病んだ集団にいると気がついたときには、すでに遅すぎることが多い。

彼らは、本来の自己とは違った人間になることを強制された人である。それは本来の自分を断念し、そこから立ち上がれなかった神経症者である。

「自分自身になる」とはどういうことか。

それは「疑似自己」ではないこと。

つまり次の二つがあることである。

1　自己肯定感が強い。
2　成長欲求がある。
それは社会的に成功しても、絶望している人である。フランクルのいう「成功と絶望」である。

「疑似自己」で生きている人には、常に実存的欲求不満がある。

「みたされない欲求から生じる願望」が、幸せになりたいという願望と矛盾している。そこで不幸にしがみつかざるを得ない。つまり「みたされない欲求から生じる願望」が優先する。

未練は未来を閉じ込める。

「みたされない欲求から生じる願望」をみたそうとすることが、たとえば優越感をもとうとすることである。優越への願望である。

勇気とは、「みたされない欲求から生じる願望」を断念して、そこから立ち上がり成長欲求を選ぶことである。

そのようなことから、フランクルは「断念」という行為を重視している。「断念」という絶望を体験するから新しい世界が開ける。

対象喪失の悲哀の過程の「断念すること」こそが、フランクルのいう「苦悩能力」である。絶望から蘇れば新しい人生が手に入る。

■成長欲求に従って生きることが意外に難しい理由

勇気とは成長欲求と退行欲求の葛藤の中で、成長欲求に従うことである。

マズローのいうように、成長には「苦悩や悲哀、不幸と混乱」が伴う。

「産みの苦しみ」という言葉がある。それが成長の苦しみである。ゆえにそこには、「苦悩や悲哀、不幸と混乱」が伴う。

勇気とは、生産的構えと非生産的構えの葛藤の中で、生産的構えの態度を取ることである。生産的構えと非生産的構えとは、フロムの言葉である。

成長するためには、現実の苦しみと神経症的苦しみを区別しなければならない。

よくあることだが、神経症的苦しみなのに、現実の苦しみと思ってしまう人がいる。

今、自分が囚われている苦しみの原因をすり替える。その方が今は楽だからである。

自分の心が問題を抱えているから苦しいのに、現実が苦しいのだと、苦しみの原因をすり替える。

不幸から抜けきれない人は、努力が生産的努力になっていなかった。

劣等感からの努力、優越するための努力、それらは全て無駄な努力である。不幸になるための努力である。


成長欲求と退行欲求の葛藤の中で、本人は退行欲求に従っているつもりはない。

しかし恐ろしいのは、退行欲求は変装して表れるということである。

たとえば、惨め依存症という形で表れることもある。アルコール依存症の人がアルコールなしに生きられないように、惨めさを誇示しなければ生きていかれない人がいる。

フロムのいう神経症的非利己主義といわれる形で表れることもある。私にいわせれば自己執着的非利己主義である。利己主義は時に非利己主義という仮面を被って表れる。

サディズムが愛という仮面を被って表れることもある。

一般的な表現をすれば、退行欲求は成長欲求の仮面を被って表れることがある。その場合にはいつになっても解決はつかない。悩んでも、悩んでも、悩みは解決しない。

悩みは成長欲求に従うことによってしか解決しないのだから、本人が成長欲求に従ったつもりで、実は退行欲求に従っている状態では、いつになっても悩みは解決しない。

成長の後期の段階では、人間は本質的に孤独であり、頼れるのはただ自分のみである。(註6)

■孤独や不安に弱い自分を恥じずに受け入れればいい

フロムによれば、個性化の過程には二つの側面がある。どちらの道を選ぶかは人生の別れ目である。

一つの側面は、肉体的、感情的、精神的に強くなっていくことである。

もう一つの側面は、孤独の増大である。個性化が進展することによって孤独と不安が高まる。自分の役割や自分の人生の意味を感じられなくなる。無力感と自分の無意味感に苦しめられる。

私にいわせれば、神経症者とは、この個性化の過程で躓いた人である。つまり孤独と不安に負けた人である。

そして自分は孤独に弱いと認めないで、人を恨む。

愛に恵まれた環境に生まれ成長出来た人は不安や孤独に強いかもしれないが、愛に恵まれない環境に生まれた人は不安や孤独に弱い。

だからといって、自分が不安や孤独に弱いことを恥じる必要はない。むしろ、弱いということを認めないことを恥じる方が良い。現実とまさに向き合うことである。

個性化の過程に成功するためには、決意が必要である。

シーベリーは「自分自身になり得ないなら、悪魔になった方がましである」という。

個性化の過程で躓きそうになった時には、悪魔になるか、自分自身になるかと自分に問うことである。

人に生まれて悪魔になるのか、自分自身になるのか。

人間だけが個性化の過程で躓いて、自分を忘れる。そして悩む。

モグラは空を飛ぼうとは思わないから悩む必要がない。

人間は自らを万物の霊長と位置づけ、その傲慢さと愚かしさに気づかないから、常に無理して生きることを強いられるため悩むのである。

母親が物理的に存在していても、情緒的に存在していない。反応しない母親である。それは、子どもの発達に影響する。

「子どもが安定、不安定、苦悩のいずれの状態になるかは、主要愛着人物の反応度によって決まる(註7)」

「子どもに対して応答的な母親が存在する場合には、たいていの乳幼児は満足する。動き回り、自信と勇気を持って、周囲の世界を探索する。

不在の場合には、苦悩し、馴染みのないもの、予期しない者に怯える（註8）」

子どもの不安は、本来、子どもが自分の愛する人の喪失を感知している事実を表現する以外のなにものでもない（註9）。

以上のように、ボールビーは子どもの不安といっているが、大人も同じである。

もう一度いう。不安に怯えていることを恥じる必要はない。怯えていると認めないことを恥じなければならない。認めれば、いつの日か強くなる。

■SNSに「死にたい」と書き込む人が陥っているもの

なぜ人は毎日悩むのか？

なぜ人は毎日「死にたい」と思うのか？

SNSには、「死にたい」という人たちの書き込みがあふれている時代である。

悩んでいる人が今まで一所懸命に生きてきたことは分かる。しかし、一所懸命に頑張っている人が、全て成長動機で頑張っている人とは限らない。

なぜならば、社会の中では最も賢いはずの中高年の自殺が多い。その人たちは怠け者ではない。一所懸命働いた人々である。

どこで間違ったのか。


それを理解するためには、心理的に健康な努力と強迫的努力との違いを認識することが重要である。

不幸になるだけの努力がある。

それを止めさえすれば幸せになれる。

しかし不幸になるだけの努力を止められない。それは不幸依存症である。

不幸依存症の人は、頑張って不幸になるだけの努力を、止めようとしても止められない。

それはアルコール依存症の人が飲酒を止められないのと同じである。

タバコを止めた方が健康に良いと分かっている。でもタバコを止められない。

タバコが自分の健康を害することを知っている。人の迷惑になり、周囲の人の健康にも害になると分かっている。

でもタバコを止められない。

それと同じである。「この努力」が自分の幸福の害になると、心の底では分かっている。

「この努力」を止めれば幸せになると心の底では分かっている。でもその努力を止められない。

単純化していえば、不幸になるだけの努力は死んでも止められないケースがある。真面目な人の中にそういう人が多い。

真面目に努力しながらも不幸な人は、たいてい不幸になるだけの努力を続けている。

タバコを止めようとしても、結局止められない人と同じである。

社会的に善良な人で不幸依存症の人は多い。

■「死ぬまで不幸な人」にならないためにどうするか

自分も人も幸せにするお金がある。同時に自分も人も不幸せにするお金がある。

同じお金が幸せの原因にもなり、不幸の原因にもなる。

もし勇気という言葉を使うなら、勇気とは「不幸になるだけの努力」を止める決断のことである。

会社も家庭も何もかも嫌になってアルコールに逃げる。そしてアルコール依存症になる。

無意識で生きることが嫌になった。そして心の底で生きることから何もかも逃げ出したい人が、不幸になるだけの努力に逃げる。

不幸依存症の人は、心理的に未解決な問題を抱えて、そこから目をそらすための努力を始めた。不幸になるだけの努力に逃げたのである。

心理的に未解決な問題に正面から立ち向かう勇気がない。そこで不幸になるだけの努力に逃げた。

まさにアドラーやオーストリアの精神科医ベラン・ウルフがいうように、神経症は勇気の欠如である。

それは不幸依存症という神経症である。

不幸になるだけの努力を止める、その勇気を持てば幸せになれる。

人は皆幸せになりたいと願っている。その気持ちに嘘偽りはない。

しかし幸せになりたいという願望よりも、不幸になる魅力ははるかに強烈である。

不幸になる魅力とは何か？

それは「安全」という名前のものである。

幸福をギブアップするか、安全をギブアップするか、心理的に未解決な問題を抱えている人は幸福をギブアップする。

人に意地悪をしては、最後には幸せになれないと誰でも分かっている。人の幸せのために働くことの気分の良さが自分の幸せになると分かっている。

でも人をいじめる魅力に勝てない人が多い。

不幸な人は、人の幸せを願う気持ちよりも嫉妬、妬みの気持ちの方が強い。

それがどんなに茨の道でも、心に深刻な問題を抱えている人は不幸になる道を選ぶ。そして実際に不幸になる。

自分で自分を不幸にしながら、さらにそこでまた人を恨む。

自分で不幸にしがみつきながら「私は幸せになりたい」という。「私は幸せになりたい」も本音だが、先に述べたように、その人は「自分の無意識にある欲求不満に背後から支配されていることに気がついていない」のである。

とにかく自分の無意識にある憎しみに気がつくことが幸せになる出発点である。

それを認めなければ、死ぬまで不幸である。死ぬまで不幸になるだけの努力を続ける。

そして「私は真面目に一所懸命努力してきた」という。行動としては間違いない。その通りである。真面目に一所懸命努力してきた。

そこでさらに世を恨んで、もう一段深刻な不幸になる。

■無気力を受け入れることで生きるエネルギーが湧いてくる

不幸になるだけの努力をどうしても止められない。どうしてもタバコを止められない。

そういう時には、タバコを減らしながら健康に良いことを始める以外にはない。

心身ともに健康になって、気力が湧けば、タバコを止められる時が来るかもしれない。

それと同じで、どうしても不幸になるだけの努力を止められないのだから、しばらくは続けるしかない。

ただ不幸になるだけの努力を続けながらも、自己実現の努力を少しずつでも始めることである。

自己実現のための努力は幸せになるための努力である。成長欲求からの努力である。

「こうでなければならない」と焦ることはない。焦らないから最終的には上手くいく。

無気力とは、何かがしたいけれど、何かがひっかかって出来ないことである。その「何か」がいつか分かる。

だから焦ってはいけない。自分の今を信じる。

今まで毎日無理をして生きてきた。

大人になって、力尽きて、無気力になった。

無理をする目的を見失ったから。


決して焦らない生き方をしていれば、いつかその目的が見えてくる。

自分が無気力だと自覚していれば、無気力は悪くない。

無気力は自覚すればかえって安らぎになる。

無気力を受け入れること。シーベリーがいうように不幸を受け入れることで、することが分かってくるように、無気力を受け入れることで生きるエネルギーが湧いてくる。

無気力な自分を責めているうちは立ち上がれない。

自分を可愛がろう。

その時にはじめて立ち上がれる。

無気力は希望の前の幼い心である。

■ワーカホリックもアルコール中毒も原因は同じ

不安に対する反応の一つとして迎合という態度がある。

依存心の強い人は、相手を直接、意識的に憎むのは怖い。そこで敵意を抑圧する。つまり敵意を無意識に追いやる。そこで本当は敵意があるのに相手に迎合する態度になる。

相手に気に入られたいからマイナスの感情を表現しない。それが迎合である。迎合する人は直接的に感情表現ができない。

不幸な人は、なぜ相手を喜ばそうとするのか？

思いやりから相手を喜ばそうとしているのではない。他人を喜ばそうとすること自体が悪いのではないが、問題は「私は相手に気に入られたい」という動機である。

その動機ゆえに「本来の自分」を裏切る。

この抑圧から不安が生じる。

迎合の隠された動機は敵意である。そして表面的に迎合すれば迎合するほど無意識の領域で敵意が強くなる。

迎合すればするほど無意識の領域で相手が嫌いになる。しかしそれを表現できないからいよいよ自分が頼りなくなる。

抑圧された敵意が一そう多くの不安を生みだすということは、よく知られている現象である。(註10)

なかには不安からワーカホリックになる人もいる。仕事をしないではいられない。仕事をしていないと不安に直面してしまうからである。

リラックスしたいけどリラックスできない。

休んでいても休んでいない。

不安を静める一つの方法は、熱狂的に活動しまくることである。(註11)

ワーカホリックの人は、自分は仕事熱心だと思っていることがある。社会もワーカホリックの人を、アルコール依存症のようには非難しない。

でも実は、ワーカホリックもアルコール依存症も心理的には同じことである。

人は小さい頃からさまざまな屈辱を味わう。多くの人は、劣等感で心が傷ついている。その心の傷を癒やしたい。そのために、社会的に成功して世の中を見返そうとする。

その劣等感を動機とした努力は、残念ながら人を救わない。

世界中の人から賞賛を浴びても劣等感に苦しんでいる人がいる。世界的に有名なスターやセレブが、薬漬けになったり、自殺したりが、ご存じの通り珍しくない。

不安な人は、業績は自分を救わないということをまずしっかりと認識することである。

不幸になる努力をしている人は、不安から逃げている。業績を上げることに逃げている人の典型がワーカホリックである。そしてもちろん、やがて消耗して業績を上げられなくなる。

それでも不安から逃れるために仕事に執着し続ける。そして最後には燃え尽きる。

業績を上げ続けていないと不安だから仕事を止められない。肉体的にはもうこれ以上仕事をしてはいけない、休まなければいけないと分かっていても、不安だから仕事を止められない。

今自分のしていることは自分にとって望ましくないと分かっていても、止めると不安に襲われるから止められない。

自分にとって望ましいと頭で分かっていることをしようとすると不安になる。そして自分にとって望ましくないと分かっていることをしないではいられない。

しかもその仕事は辛い。決して楽しいことではない。それでも止められない。止めて不安に襲われる方がこわいのである。

ワーカホリックもやがては社会的に挫折する。

だから「自分は今心理的に病んでいるのだ」ということをまず自覚することである。

自分の出来ないことをしようとして、無理するのは向上心ではなく劣等感がさせる行動である。


われわれは、たえず〝成功〟を求めて努力すべく駆りたてられている。これは

自分の自我を確認し、不安を和らげる大事な方法である。（註12）

この説明はよく分かる。不安な人はとにかく人に認められたい。簡単にいえば、他人が不当な重要性を持ってしまった自己不在の人である。

そうなってしまうのは成長に対する安全性の優位である。人から認められることで、自分の自我を確認する。

■「他人に認められなければ」という焦燥感から離れる方法

今の不安は、これまでの生き方のツケである。自分を裏切り続けて生きてきたツケである。

男の「スーパーマン願望」は「お父さん！　認めて」という叫びである。

不安で自己不在だから、とにかく人に認められたい。人に認めてもらう以外に自我を確認しようがない。

つまり無駄な努力以外に自我の確認をしようがない。

美人であることを誇示している人たちは、最も劣等感に悩んでいる人たちである。周りの人からは「嫌な人」と思われている。

でも劣等感を持つと周りが見えない。

人に認められようとすることは退行欲求である。

深刻な劣等感のある人は、人に認められること以外に努力を向けることは苦しいことである。

なぜならそれは、退行欲求を退けて、成長欲求に従うことだからである。

しかしこの時に体験する苦しさ以外に、人を救う道はない。

悩みの原因の説明をすると、悩んでいる人はよく「ではどうすれば良いのですか?」と質問する。

しかし、「ではどうしたら良いか?」という前に「自分は今、なぜこうなのか?」ということを考えるのが先決である。

「他人に認められる」を、少しずつで良いから「他人ではなく、神様に認められる」という考え方に変えていくことである。

神様といっても宗教のことをいっているのではない。自分の心の中の神のことである。

自分の「心の砦」である。自分の心の中にある核に頼ることである。

不安な人は、不安を和らげる方法は、成功することだと思うであろうが、しかし現実には成功しても不安は和らがない。

だから自分の心の中の神様に認められることで、不安を和らげることを考えるしかない。自分の「心の砦」を築くことに力を入れるしかない。

そしてその方向に態度を変えてみると、ある時「ふと」、安らぎを感じる。人から認められることではなくても、自分の自我を自分が確認することが出来る。

先に引用した、「われわれは、たえず〝成功〟を求めて努力すべく駆りたてられている。これは自分の自我を確認し、不安を和らげる大事な方法である（註13）」という言葉が完全に当てはまる人は、心の安らぎを感じる体験をしていない。心の安らかさを味わっていない。

心の安らかさを体験していない人に対して、「成功を求めて努力するな」といっても、無理である。それは敗北としか解釈しようがない。

しかし自我の確認という心の安らかさを、ほんの少しでも味わえば、考え方は変わる。「成功とは全く別に、自我の確認という心の安らかさがあるのかもしれない」と感じる。

確信できなくて良い。「もしかすると?」という程度で良い。懐疑を持つだけで良い。

「たえず〝成功〟を求めて努力すべく駆りたてられている」人は、成功以外に心の安らぎはないと根っから思い込んでいる。

そういう思いの中で、ふと、「神様に認められる」ということに目を向けることは、その疑いのない確信に風穴を開ける可能性がある。「あれ？」と感じることがあるかもしれない。

だからこの自分の心の中の神様は、人間に甘い神様で良い。優しくて適当な神様で良い。

こんなに努力しているのに誰も認めてくれない。悔しい。そういう時に夜空を見上げて、誰も見てくれていなくてもきっと神様は見ていてくれる。そう信じられれば、「心の砦」が出来る。それが「自己の内なる力」になる。

それが先に書いたような、千里の道を我は行く、その覚悟を作ってゆく。

「自己の内なる力」は自家発電である。

誰も辛い気持ちを理解してくれなくても、あの夜空にいる神様は理解してくれている、そう信じて一人で立ち上がる。

■「人を評価する立場」に立てば、人生の見方が変わる

次に「得か？　損か？」を考える。

自分があることをしようとする。仕事でも、付き合いでも、飲みに行くのでも何でも良い。

それをすることが辛い時に、「これをするのは得か？　損か？」を考える。

つまり自分が幸せになるのにこのことをするのは「得か、損か」である。

やらなければならないと思っていることの中に、自分が幸せになるためには「これはどう考えても損だな」と思うことがあるに違いない。

今しようとしている仕事は嫌いである。やりたくない。自分には向いていない。でも成功するためにはそれを「しなければならない」。

自我を確認するためには、どうしてもその仕事をして成功しなければならない。

しかし自我を確認して安心するためには、これが唯一の方法なのか？

さらに、その先に本当に幸せは見えているのか？

自分が認めてもらいたいのは「あの人」だけど、本当にあの人はそんなに凄い人なのか？

あの人が認めてくれなければ、自分は自分の自我の確認が出来ないのか？

ハーヴァード大学のエレン・ランガー教授の「マインドフルネス」という概念に従って、その人を別の視点から見てみることをすすめる。

あの人はいつも人を非難している。たとえば、あの人はいつも人の悪口をいっている。悪口依存症と呼んだら良いような人である。

あの人は人を批判しないではいられない人かもしれない。人を批判することであの人自身が自分の自我を確認しているのかもしれない……とすると私は？

「私は、悪口依存症の人の批判を恐れて、怯えている」と気がつくことはないか？

自分が認められようとして頑張っている、無理している、その相手の心の中を、今度は逆に自分の側から観察してみる。

それはパラダイムシフトでもある。人を見る視点を変える。いつも人から評価される立場で怯えていたなら、今度は自分が相手を評価する立場になって相手を見てみる。

ところが「たえず〝成功〟を求めて努力すべく駆りたてられている」人は、自分の立場を変えられない。対象無差別に人から認められたい。

そこで立場を変える。自分がいつも「認められる立場」から逆に「認める立場」に変わる。

対象無差別に人から認められたい人は、なかなか立場を変えられない。人を観察することが出来ない。

「ああ、この人は不安だから人を非難罵倒しているだけなのだ」と相手を観察出来ない。常に自分は人から批判される立場なのである。

常に自分は人から好かれたり、嫌われたりする立場なのである。受け身の立場を変えられない。

自分の方が相手を好きになったり、嫌いになったりしても良い。しかし対象無差別に人から認められたい人はこの立場の変更が出来ない。

一度、いつもの自分の立場は、「損な立場か？　得な立場か？」を考えてみる。

自分が勝手に自分の立場を決めているのである。他の人が決めたのではない。

■他人に貼られたレッテルを、「自分の性格」と思い込んでいないか

さらに、自分の性格を人に決められている。常に人から評価される立場に立つ。

よく「私は無口です、暗い性格です」という人がいる。しかしそれは他人が貼ったレッテルであることが多い。

人から、そのようなレッテルを貼られて「人とよくしゃべれない」という。

そして職場で上手くやれないという。

そうなると「地獄の苦しみ」といい、「なんで私だけが」となる。

常に人から評価される立場というのは、幸せになるためには損な立場である。そして自分から損な立場にしがみついている。

いつも悩んでいる人は、「自分自身のことなのに、何でそこまで人に決められるのか？」と思うほど何もかも人に決められている。自分のことなのに、自分で決められないで、人に決められている。

私は、そのような読者からよく手紙をもらう。読んでみるとやはり書き手は自分のことを、「私は弱い人間です」と書いている。さらに、「私は、相手にとってつまらない人間だと決めていますから、相手の失望が恐いのです」と続いてゆく。

このような人たちは、本当は自分が自分に失望しているから「相手の失望が恐い」。だから、自分に対する自分の態度を変えれば、「相手の失望が恐くなくなる」はずである。

自分に対する自分の態度を変えるには、まず今までの人間関係を反省する。

小さい頃、「お前はつまらない人間だ」という破壊的メッセージを、誰かから与えられた。そして、その不当なメッセージを真に受けた。

その不当なメッセージを真に受けた自分の受け身の態度を反省するとともに、そのメッセージの発信者を乗り越える。

人に破壊的メッセージを与え、人を失望させる人間は、実はその人自身が自分に失望しているのである。

自分に失望した人間の最も卑怯な心の癒やし方は、身近な弱い人を失望させることである。つまり弱い人を破壊することである。

自分からすすんで卑怯な人間の餌食になることはない。

■受け身の人生を送っている人ほど深く傷つきやすい

人はそう簡単に立場を変えられない。

人から評価されることを恐れている人は、受け身で、依存的欲求が強い傾向がある。受け身でなければ、それほど傷つかない。

自己執着だから常に自分は評価される立場になっている。

自己執着の強い人には受け身のほかにもう一つ重要な特徴がある。それは興味と関心の欠如である。興味のあるものがない。

自己執着を乗り越えるためには、自我の未確立を乗り越えるしかない。青年期の重要な課題の一つは興味の覚醒である。自己執着の強い人は、まだ青年期の課題がすんでいない。

自我の確立のためには、無意識の意識化が必要である。

自我の確立とは、最終的にはロロ・メイのいう「自己の内なる力」を持つことである。心の能力が発達していることである。

心の能力には、自分の目的を自覚できること、過去、未来ではなく、今を生きられること、人の評価をあてにしないことなどいろいろあるが、その一つに、相手を見ること、相手を観察することがある。

「偽りの自己」で生きて来た人が人を観察する立場に立つことは、それほど簡単なことではない。

心の能力がなかった人が、心の能力を持つことだからそう簡単に出来ない。

自分の中に自発性、能動性、積極性が出てくれれば、自然と立場は変えられるのだが、それがない時には意識的に、立場を変える練習をする。

自我の確立は同時に自分の位置が分かるということでもある。

■欠乏動機の人と成長動機の人の決定的な違い

マズローの言葉である。

（成長動機で動いている人は）他人に頼ることが少いので、両向的になることは稀で、不安や敵意も、賞讃や愛情を求めることも、少いのである。（註14）

欠乏動機の人は、相手が自分にとって役に立つか立たないかという視点から見る。

つまり相手を、自分の成功に「役に立つかどうかの見地」からしか見ない。

彼らは賞賛それ自体を求めているのであって、相手との心の交流を求めているのではない。

成長動機で動いている人は相手を道具としてではなく、独立した一個の人間として見る。

このように示すと、成長動機で動く人と欠乏動機で動く人の考え方や感じ方の違いが明らかになるだろう。

だからこそ、自分の立場を、人から評価されるだけの立場から、相手を観察する立場に変えることは、難しいのである。

それは自分の動機を、欠乏動機から成長動機に変えることだからである。

自分の行動動機を、欠乏動機から成長動機に変えるということは、人を批判することで済んでいた人が、自分で自分を評価出来るように努力することである。

欠乏動機から成長動機に自分を変える努力をする人は、自分を批判する人に怒りを感じるのではなく、「この人はなぜ人を批判するのか？」と相手を観察する人である。すると相手が見える。「そうか、こんな人か」と分かる。

マズローがいうには、相手を「全体的、多面的な独自の個人」として見ることが、相手を観察するということである。

また、欠乏動機から成長動機に自分を変えるということは、相手に過剰に反応しないことでもある。

■「幸せになれるパーソナリティー」に自分を変える

先に述べたごとく、フロムのいう生産的構えと非生産的構えの葛藤ということがある。

生産的構えで生き抜くことは、エネルギーがいるばかりでなく、絶えず非生産的構えに傾く自分をコントロールしなければならない。

これはまさに苦しみである。この苦しみこそ人間の解放と救済をもたらす。

生産的構えの人は、問題が解決出来ない時に、外側のことに原因を帰することをしない。

これはまさに苦しみである。自分の出来なかったことを出来なかったと認めることだから苦しい。

非生産的構えの人は、自分の困難の原因を外側のことに押しつける。

非生産的構え、悲観主義的解釈、問題解決の意志がないという三つの特徴は、同じ一つのパーソナリティーの中に現れるそれぞれの側面である。

それは幸せになれないパーソナリティーである。

たとえば偏見を持った人である。偏見を持ってその場にいれば、その場は心理的に生きることは楽である。オルポートのいうように偏見は不満の心理である。偏見は歪んだ価値観であり、自分の価値を守るための歪んだ認識である。偏見を持っていれば、自我価値の崩壊を防いでくれる。

逆に幸せになれるパーソナリティーというのがある。

欲求達成タイプ、過程重視、マインドフルネス、自己実現が動機になる、無心、能動性、積極性等である。

幸せになれないパーソナリティーは、価値達成タイプ、結果重視、マインドレスネス、劣等感を動機として行動する、自己執着が強い、受動性等である。

この二つの違いがアドラーのいう「人生のスタイル」であろう。

全体としての人間のあり方の問題である。


低く評価されることを恐れる人が、幸せになれないパーソナリティーである。

私は弱い、全ての人は自分よりすぐれている、そして他人が自分をどう考えるかによって自分を評価しようとする傾向がある。

その結果、他人に高く評価されようとして不幸になる努力を始める。

ベラン・ウルフは、たとえばそれは、スペインにお城のような別荘を作れるぐらいの金持ちになりたいと努力している人たちのことだという。

それは無駄な努力である。不幸になる努力である。

自分の家を作る努力をしている人がいる。幸せになる。

自分の家を作る人は幸せを作り、スペインにお城を作る人は失望するだけである。（註15）

スペインにお城を作るのは人に見せるためである。認められるためである。

自分の家を作るのは、自分のためである。自分の成長のためである。

スペインにお城を作るエネルギーを、自分の家を作るエネルギーに変える。それで幸せになれる。

［註］

1　Abraham H. Maslow, *Toward A Psychology of Being*, D. Van Nostrand Co. Inc., 1962,『完全なる人間』上田吉一訳、誠信書房、一九六四年六月十日

2 前掲書、三八頁
3 前掲書、三八頁
4 前掲書、六〇頁
5 Abraham H. Maslow, *Toward A Psychology of Being*, D. Van Nostrand Co. Inc., 1962, p.60
6 Abraham H. Maslow, *Toward A Psychology of Being*, D. Van Nostrand Co. Inc., 1962,『完全なる人間』上田吉一訳、誠信書房、一九六四年六月十日、六一頁
7 John Bowlby, *Separation, Volume2*, Basic Books, 1973, p.278,『母子関係の理論2　分離不安』黒田実郎・岡田洋子・吉田恒子訳、岩崎学術出版社、一九七七年、二五頁
8 前掲書、三三頁
9 前掲書、三六頁
10 Rollo May, *The Meaning of Anxiety*, W. W. Norton & Company, 1977,『不安の人間学』小野泰博訳、誠信書房、一九六三年七月二十五日、一三七頁
11 前掲書、一三七頁
12 前掲書、一三九頁
13 前掲書、一三九頁
14 Abraham H. Maslow, *Toward A Psychology of Being*, D. Van Nostrand Co. Inc., 1962, p.40,『完全なる人間』上田吉一訳、誠信書房、一九六四年六月十日、五七頁
15 Béran Wolfe, *Calm Your Nerves*, Garden City Publishing Co., 1933, p.233

第五章

だから、目の前の現実にきちんと向き合うことから始めよう

■「心の病んだ人」の周りには「心の病んだ人」が集まる

神経症的傾向の強い人は、心理的健康な人と付き合うのは辛い。

心理的健康な人は、問題を解決するために現実的な努力をする。

神経症的傾向の強い人は、現実的な努力をしない。そうした努力は辛いから逃げる。

そこで神経症的傾向の強い人は現実的な努力をしないで、ただ歎いている。そうしていても接することが出来る人と接する。

だから自然と、心の病んだ人は、心の病んだ人と付き合っている。それがお互いに楽だからである。

問題解決に向けて現実的な努力をしないで、後悔したり一緒になって人を批判していることの方が心理的に楽である。

神経症的傾向の強い人といってもいいし、心の病んだ人といってもいいが、そういう人たちは問題を解決する姿勢がない。問題を解決しようとしない。

解決しなければならない問題を前にして、ただ歎いていたり、文句をいっていたり、人を批判したりしているだけである。

夜、一人でパソコンに向かい、そうした書き込みサイトに延々と恋人、配偶者、上司、同僚等々への不満を書き続ける。ネットに相手への不満をいくら書いても、解決はしない。

心理的健康な人は、解決しようとしないでただ歎いていたりする人とは一緒にならない。どうしても解決しようとする人と接する。

そこで心に葛藤のある人は、心理的健康な人とはなかなか人間関係が作れない。心に葛藤のある人は、一緒に歎いている人と一緒にいる方が楽である。問題がある時には解決しようとする人と一緒にいることはきつい。

そこで先にも述べたように、心の病んだ人は心の病んだ人と人間関係が出来ていく。しかし将来展望は拓けていかない。

つまり生きていることが楽しくなるということはない。人間関係で楽しいことはない。人生に意味が出てくることはない。

愚痴と後悔は、その時その時は楽だけど、どんどん生きることが辛くなる。どんどん不愉快なことが増えてくる。

いくら相手への不満をネットで書き続けても、結果として、「この人生は自分には対処出来ない」という無力感が強くなるだけである。

心に葛藤のある人は、同じように心に葛藤のある人と一緒にいることは、その瞬間は楽だけれども、長い目で見ると段々と生きるのが辛くなる。不愉快な事柄は増えてくる。

そういう意味で、心の病んだ人の人生は依存症の人生と同じである。

アルコール依存症の人がアルコールを飲んだ時には、一瞬ホッとするが、結局もっと辛くなっている。

アルコール依存症の人にとって、アルコールを飲むことが問題の解決になっているようであるが、結局問題を深刻化しているだけである。

理想と比べて現実を歎いてみたり、人を批判している時には、その瞬間心理的には楽だけれども、結局、生きることはどんどん辛くなっている。

人間関係で相手を批判している時は楽だけれども、結局もっと生きるのが辛くなっていく。批判していることは楽だけれども、結局誰とも心のふれあいは持てない。

自分の心の葛藤から目を背けて人を批判している人の周りには、同じような人が集まる。地道な努力をしない人が集まる。

心の葛藤から目を背けている人は、人を批判している自分自身を顧みない。

「なぜ自分はこんなに人を批判しているのだろう？」と考えることはない。自らの心の葛藤から目を背けている人の周りには、自己実現している人がいなくなる。

時が経てば経つほど、依存症的人生と、自己実現している人の人生とは、違ったものになっていく。

このことがアドラーのいう、「苦しみは解放と救済に通じる」(註1)という意味でもあろう。

現実の自分は、心の葛藤を抱えている。その心の葛藤と向き合い、解決への努力をすることは「苦しみ」である。その「苦しみ」が「解放と救済に通じる」ということである。

自分の心の葛藤から目を背けていることは楽である。しかし声高に相手を批判したり、何かあると責任転嫁をしたりしていると、その時は楽だけれども、心の葛藤は深刻化する。生きることはどんどん不愉快なことになる。

心の葛藤から目を背けることは、アルコール依存症の人がアルコールを飲み続けているのと同じことである。

アルコール依存症や薬物依存症やギャンブル依存症の人だけが依存症なのではな

い。心の葛藤から目を背けて人を非難している人も、同じように心に問題を抱えた依存症なのである。

心の葛藤から仕事に逃げている人にはワーカホリックという言葉があり、案外自分が依存症であることに気がついている人も多い。

しかしただ何もしないで歎いていたり、偉そうに人を批判している人は、自分がアルコール依存症の人と同じような依存症であることに気がついていない。

現実逃避依存症である。

■「人生なんてどうってことない」という人はウソつきである

最も気がつかない自我防衛は、欺瞞《ぎまん》的な哲学的思考である。

ある高齢者の手記である。


親しかった友人の大半がとうに死んでしまって、羽振りのよかった者も不運に生きた人も別にどうこういうことはなく、この年になって何か本当の人生が見えてきたような気がしますが、生きていることが人生ではなく、死ぬこともまた人生だという生の側からでなく死の側から人生を見るとまた人生の本来の姿が見え

てきたりもします。

そしてこの人にとって「人生の本来の姿」とは「そんなことどうでもいいじゃないか」ということである。

「そんなことどうでもいい」という「偽りの悟り」の哲学である。

「羽振りのよかった者も不運に生きた人も別にどうこういうことはなく」というのは、この高齢者の内面の虚無感の外化である。つまり自分の内面の虚しさを外側のことを通して感じる。

親しかった友人の大半が死んでしまった。本当に親しいなら、「あいつは胸に秘めた大願があったが、志《こころざし》半ばにして逝ってしまった。さぞ無念だったろう」とか、あるいは、「あいつは頑張った。しかし報われなかった。もしかしたらあの頑張りは、深刻な劣等感だったのか？　あいつは生きるのが辛かったろうな、無理していたろうな」とか、「あいつは、我が人生について悔いなしといって死んでいった、凄い奴だったなあ」とかいろいろと思う。

そして一人一人の友人を固有の人生と感じるなら、「あいつからは、地道に人生を生きることを学んだな」とか「あいつからは、今の幸せを忘れてはいけないと学んだな」とか「あいつは淋しく逝ってしまったな、弱い者をいじめていたからな、あいつの人生からは、人を妬んではいけないと、学んだな」とか、プラス、マイナスを含めていろいろと学ぶことはあるはずである。

一人一人の固有の人生に思いをはせて、いつまでも友人の死を悼《いた》むのではないか。

ところが、皆、とうに死んでしまって「どうこういうことはない」とは、親しい友人はいなかったということである。

そして毎日の生活でも「そんなことどうでもいいじゃないか」とたいていのことがどうだっていいように思われるという。

この人が「どうでもいい」というのは、友人の人生でも毎日の生活でもない。この人自身の心である。この人の心の虚無感が、友人の死を経験することを通して表現されているだけである。

まさにカレン・ホルナイのいう「拡散した外化」である。(註2)

心の中で起きている心理過程を、その人自身の外側で起きていることと経験する傾向である。

この人は心の底でやりきれない虚しさを感じている。その虚しさを友人の死や日常生活を通して感じている。

そのことで、かろうじて自分をこの世の中につなげている。

いろいろな友人の人生を解釈することに、自分の虚無感が表現される。いろいろな人生があったけれども、結局人生なんて「どうってことない」と解釈することで、自分の人生の虚無感を防衛する。

人の救済に重要なのは、心の葛藤も、虚無感も、そのままに感じることである。自己欺瞞しないことである。

心の葛藤も、虚無感も、この人のそのままの本当の感情なのである。防衛しないで、自らの人生の虚しさをそのままに感じることが重要なのである。

「この虚しさに私は耐えられない」としっかり虚無感を感じることで、先に進んでいかれる。

この心の葛藤や虚無感を受け止めることで、成長していかれる。

そしてこういう態度の人の周りにはまたそういう前向きな態度の人が集まる。

この心の葛藤や虚無感を感じることを阻止すること、つまり防衛することが、その人の成長を妨害することである。

■自分の周りにいる人は、やる気のある人か、やる気のない人かに気づこう

もちろん一口に自我防衛といっても、ナルシシスティックな自我防衛から神経症的自我防衛までいろいろとある。(註3)
ナルシシスティックな自我防衛とは、万能感のようなものである。
どういうことかというと、幼稚な青年が万能感を持っていて、なかなか自己限定できない。そして偉そうなことばかりいっていて、会社できちんと地道に働けない。虚栄心ばかり強くて、日常生活が地に着いていない。普通の人と同じようにこつこつと働けないというようなことだ。最近は、かなりよくあることのようである。
自我防衛とは、本能的衝動の要求を、現実の条件に適合させる自我の仕事である。(註4)
フロイドによれば、抑圧は基本的に逃げる試みである。しかし私たちは自分自身から逃げられない。
基本的に自我防衛はいつも自己欺瞞に至る。これがフロイドの神経症論の核である。(註5)

しかしいずれにしろ、自我価値の崩壊を防衛しようとすることが、自らの成長を妨害することなのである。

「基本的に自我防衛はいつも自己欺瞞に至る」というフロイドの指摘は、本書の主張の通りである。

自我防衛の強い人は孤立するか、そういう人の集団を作る。

何を見ても「あんなことくだらないよ」と馬鹿にして、自分たちの態度を守る。

つまり無意識の領域では自分が自分をくだらないと思っているのである。

虚無感に苦しむ時には、伝記やノンフィクションなどで、何かを成した、または大きな失敗を犯した人間の人生を描いた本を読むことである。自分について何かを気づかせてくれる。

そして心理的健康な人とコンタクトをすることが出来れば、それにこしたことはない。が、自我防衛の強い人は、なかなか心理的健康な人と接することを嫌がる。

まさに自我防衛出来ないからである。

愚痴と批判だけの「やる気のない人」の中にいるだけで、人は無意識で虚しくなる。

しかし自我防衛の強い人は、どうしても愚痴と批判だけの「やる気のない人」の仲間に入っていく。

「私はやる気のない人の中にいた」と気がつくだけで、もう春はそこまで来ている。

■画一的な「幸せのイメージ」を求めて、息苦しく生きる人たち

「苦しみは解放と救済に通じる」。これはアドラーの言葉である。

第一章でも述べたことだが、「苦しみ」といえば、私たちは「悪いこと」と思っている。そしてできるだけ「避けるべきもの」と小さい頃から理解している。

それは、感情としては理解出来る。その通り、誰でも出来れば避けたい。

しかし人生は、そのようには出来ていない。もしそれを避けたら、幸せにはなれない。それが人生の事実であることは、よく見れば誰にでも分かる。

起きた問題の「苦しみ」を正しく理解し、正しく対処するから、苦しみは成長と救済につながるというのが、ここまでも数多く紹介してきた「先哲の教え」である。

苦しみから逃げるとさらに大きな苦しみに陥る。もっと成長することが難しくな

る。それは、本書を読んでもらえれば理解出来るはずである。

現実の苦しみと心の苦しみを区別出来ない人は、苦しみを自罰と受け取る。

自分の今の不幸の原因は、自分の心の歪んだあり方なのに、現実の困難が原因と解釈するから不幸を解決出来ない。

消費文化がはびこる社会では、幸せの画一的なイメージが出来ている。有名会社のエリート社員になって、結婚して子どもが二人、郊外に一戸建ての家を持って……などの決まり切った人生像である。

そしてそれが幸せだと思い込んで、家を建てた。玄関を立派に造った。それなのに居間は居心地が悪い。長期の住宅ローンを組んだので、将来に対して少し不安も持ってしまった。比喩的にいえばそういうことである。

人々は消費文化に振り回されている。「こうしたら幸せになれる」という消費社会の画一的なイメージに心が支配されて、そうしなければダメなのだと思う。

ブランドものを身につけて、高級車に乗っていると幸せなはずと思う。

それは全くの幻想である。しかし消費社会の中で視野の狭い人は幻想にしがみついてしか生きる方法がない。

しがみついているのは、苦しみを避けたいから。心の葛藤に直面したくないから。

■「典型的な幸せ」を得たはずなのに楽しくない理由

本当は自己蔑視しているから、自己栄光化が必要なだけである。自己蔑視している自分に直面したくない。

ありのままの自分に失望しているから、みせかけの栄光にしがみついている。

その自分についての否定的な感情を味わうことを避けるためには、栄光化された自己でなければならない。

心の底の底にある、自分についての実際の感情と直面することを避けるためには、理想化された自己像を現実化することにこだわらなければならない。

そういうわけで無理をしてブランドものを身につけ、有名会社にいることにこだわっているから、家族関係がおろそかになる。妻や子どもと上手くいかない。そして燃え尽き症候群になる。

消費社会は、消費する以外に、幸せになる方法を教えていない。

結婚して子どもが二人いてと、消費社会の画一的なイメージにあった生活をしながらも、心の底では元気が出ない。無意識の領域では、今自分は生きる活力がないと感じている。

幸せなはずの生活をしながら、心はなぜか満たされない。満たされないどころか、悩んでいる。しかしなんで悩んでいるかが分からない。

カレン・ホルナイの著作に次のような女性のことが書かれている。

彼女は幸せになれるものを全て持っている。安全も、家も、献身的な夫も、しかし彼女は内的な理由で何ものも楽しめない。(註6)

彼女は知的で、魅力的だが、彼女は愛することが出来ない。彼女の人生は空虚で、無意味である。

彼女の退屈感の下に深い絶望感があるのを感じると、カレン・ホルナイはいう。

私たちは彼女の心の中に剝奪感、絶望感が行き渡っていることを認識すること

が重要である。（註7）

消費社会の画一的なイメージに自分を合わせることに成功した人でも、実は神経症者ではない。その消費社会の画一的なイメージに合わせることに失敗した人はまた絶望している。

彼女は人生が提供する全てのものから排斥されている。

「彼女は幸せになれるものを全て持っている」のに、なぜ絶望しているのか？

それは彼女が人生に対する怒りを持っているからである。

「彼女は幸せになれるものを全て持っている」と今書いたが、それは消費社会が「幸せになれるもの」といっているものを全て持っているということである。

成長や苦しみなしに幸せになれる錯覚を与えたのが消費社会、消費文化である。

しかし消費文化が与える幸せは幻想でしかない。

外側の環境に問題があるから不幸なのか、自分の心に問題があるから不幸なのかを間違える人は多い。

それは消費文化に心が支配されている人である。

そして心に問題があるのに、不幸の原因が外側の環境に問題があるからだと信じ続けてしまい、生涯幸せになれない人は多い。

■心に楽をさせることで失う、大事なもの

なぜ苦しみを避けようとするかというと、それは問題の解決に努力するよりも、問題を歎いている方がはるかに心理的に楽だからである。

問題の解決に向かうためには、その人に自発性、能動性が必要である。

しかし問題を歎いているのには、自発性、能動性は必要ない。何よりも歎いていることで退行欲求が満たされる。

妬みや嫉妬が原因で、今が不幸だとする。しかし正義を語って相手を非難する。相手を攻撃することで、退行欲求は満たされる。

その時その時は心理的に楽であろうが、年をとってからツケが来る。

苦しくても妬みや嫉妬をそのまま意識出来れば、年をとってから憂鬱に苦しめられることもないだろう。うつ病になることを免れるかもしれない。

自分が人を妬んでいるとか、嫉妬しているとかいうことを意識するのは不愉快なことである。

偉そうなことをいっていても「自分のしていることは単に憎しみだけだ」と認め

ることは辛い。

自分の今の嫉妬を「思いやり」とか「配慮」とか「愛情」に合理化する方が楽である。

しかしその不愉快な気持ちを合理化でごまかすと、その先にはもっと深刻な不快感が待っている。

心理的に楽して生きると夢を失う。

マイナスの感情を合理化することの代価は高い。代価は不幸である。

合理化とは要するに真実を認めないことである。「自分をごまかすこと」である。フロイド以来、多くの先哲はそう説いてきた。

アドラーのいう「苦しみは解放と救済に通じる」というのもこのことであろう。(註8)

要するに多くの先哲は、「合理化するな」といっているのである。

■なんの実績もないのに「自分は凄い」と思っている人の心理

さらにもう一つある。先にも述べた消費文化である。
消費文化は false needs を作り出した。(註9)
生きるのに有害で、必要など全くないものを、「必要なもの」と思い込ませた。

このことの問題は実は深刻である。消費文化は、「あなたは厳しく辛い試練に耐えなくても幸せになれますよ」という幻想をふりまいた。

誰だって、同じものを手に入れるのに、苦しみがなくても手に入るものと、苦しみがなくては手に入らないものとどちらを選ぶかといえば前者に手を出す。

しかし消費文化が与える幸せは真の幸せとは、なんの関係もない。

むしろ真の幸せへの道を遮断する。

心の病んだ人を吸収するカルト集団や政治的過激集団の危険性には、多くの人が気づいている。しかし消費文化の危険性については必ずしも多くの人が気づいているわけではない。

消費文化は人々から幸せへの鍵を奪ってしまった。本当は、教育は「ここが鍵穴ですよ」と教えるのが教育なのに、逆になった。

だから高学歴でうつ病になる人たちがたくさん表れるのである。

この、今の自分についてのマイナスの情報から逃げないで、正しく受け止めることは苦しい。自分の現実と直面するのは苦しい。

しかしそれが本当の意味での人の成長と救済に通じるのである。

消費社会では、ついつい人は、情報の正しい受け取り方をしない。

消費社会は常に偽りの幸せを用意している。それが売れるからである。

麻薬と同じように、その場の苦しみを癒やしてくれる情報が溢れているのが消費文化である。

消費社会プラス情報社会の中で人は、つい自分を見失い、道に迷う。

自分と正面から向き合うとは、たとえば悔しい時に、「何でこんなに悔しいのか？」とその原因を考えることである。するとそこに自分が見えてくる。

マイナスの情報は自分が成長する機会である。マイナスの情報は「今が成長するチャンスですよ」というメッセージである。

自分がそんな人間であることを理解し、それを土台にしてはじめて正しい方向へ歩み始めることが出来る。

逃げないで物事を正面から見つめ、解決すること。不快な気持ちをごまかさない。

最初から立派な人間などいない。

長い期間にわたって最も活動的な人間は、年齢にふさわしい心理的に成長した人間である。

自分を知ることを拒否する人は、何をしても「本当の幸せ」につながらない。

本人は鈍行列車に乗っているのに、新幹線に乗っているように思っている。そう思いたい。しかし期待した通りの時間には目的地に着かない。

自分が自分を新幹線に乗っているように扱う。周囲の人が自分をそのように扱うことを期待し、要求する。

しかしことごとく期待した通りに行かない。

それでも「私は新幹線に乗っている」といいはる。新幹線に乗っていることに固執する。それが神経症であるといっているのである。

「在来線に乗っているのに、これは新幹線だ」ということに固執する。「固執する」ということは、神経症的自尊心の強い人の心の姿勢である。

なんの実績もないのに「自分は凄い」という位置に固執する。

弱点を指摘されると怒る。認めない。「今の自分で良いのだ」という態度に固執する。

だから良い人間関係が出来ない。だから幸せになれない。

素直な人は弱点を指摘されても怒らない。もちろん誰でも自分の弱点を指摘されて嬉しくはない。誰でも辛い。不愉快である。

しかし真の幸せを求める過程で、その苦しさを、乗り越えていく。だから苦しさは「意味のある人生」につながる。

自分が直面する苦しみは、自らの潜在的能力を開発する力である。

だから悩めば悩むほど人生は実り豊かにもなる。

すでに述べたように、人間が生き延びるための唯一の方法が成長である。そこで「成長しなければ、地獄が待っている」と頑張って、今を乗り越えていく。

だから伸びる。だから良い人間関係が出来る。だから最後には幸せになれる。必ず春は来る。

■好きな人に振られたことを認められる人が成長する

神経症的傾向の強い人は、ポイント、ポイントで逃げる。

消費社会の罠にかかって、偽りの幸せに陥っていく。

ここが頑張りどころというところで逃げる。

そして「自分は逃げた」ということを認めない。

消費社会は常に逃げ場を用意していてくれる。常に言い訳を用意していてくれる。

「固執する」ということは「認めない」ということでもある。

固執イコール現実否認でもある。

好きな人に振られた。そこで「あの人は私のタイプではない」という。「あんな女」という。振られたことを認めない。

好きな人に振られたというのは、自我価値の崩壊をもたらす危険がある。

しかし、その自我価値崩壊のリスクを冒して、「自分は振られたのだ」と認めることが「成長と救い」に通じるとアドラーやマズローは主張している。

そしてオーストリアの精神科医ベラン・ウルフにいわせれば、次のようである。

あのブドウは甘いと認めることが救いに通じるということを知らないで、酸っぱいといい張ることが神経症である。

自分は基本的欲求が満たされていない。だから人に認められたい。人々の幸せに貢献したいから頑張っているのではない。

その時に「私は欲求不満だから頑張っている」と認められるか？

それを認められれば、良い人間関係が出来てくる。周りに素直な人が集まってくる。

名声を求めている人が、「私は、本当は愛を求めているのだ」と認められるか？

それを認められれば、努力が報われてくる。

名声を得れば人がチヤホヤしてくれる。愛されるためには名声が必要であると間違って思い込んでいないか。

そう間違って思って頑張っていれば、どんなに努力しても心のふれあう人間関係は出来ない。

真の幸せと偽りの幸せの違いの一つは、努力が心理的に報われるか報われないかである。

幸せにはいろいろな定義があるだろう。

それぞれの人がそれぞれの解釈をしているだろう。

そしてみんな、自分は本当の幸せを求めていると思っているかもしれない。しかし消費文化の中では、偽りの幸せを、真の幸せと間違って頑張っている人が多い。

消費文化が栄える時代には、苦しみという名の真の幸せもあれば、幸せという名の偽りの幸せもある。

■トラブルは「幸せへの鍵」になる

トラブルは人格を成熟させるための、運命の強壮剤なのです。(註10)

トラブルとは成長のモノサシであり、他のなによりも、人生に意味を与えてくれるものです。(註11)

もちろん、トラブルから逃げれば、トラブルは破滅への道になる。

トラブルから逃げればその時は楽になる。しかし長い目で見れば辛い人生を選んでいる。

逆にトラブルと向き合えばその時は苦しい。

しかし「なぜこんなトラブルが起きたのだろう？」と考え、「このトラブルは自分に何を教えているか？」を考える。

こうしてトラブルと向き合う。だからトラブルは幸せへの鍵になる。

トラブルと向き合ってトラブルを解決していく。それは辛いことであり、骨の折れることであり、消耗することである。もう生きるのは嫌だと思う。そのことには変わりない。

しかしあのトラブルは、自分の心のトラブルが表現されたものでしかなかったのだ、そう思えればトラブルは解決に向かう。

そうして小さな日々のトラブルと向き合って解決していけば、疲れ果てるけれど、人はそこに生きている意味を感じてくるようになる。

生きている意味はいきなり感じられるものではない。日々の小さな努力の積み重ねの上で、人生の意味を感じられるようになる。

■自分の意志で何かに挑めば、失敗しても成長につながる

エリクソンは、「アイデンティティーの確立のためには、思春期には自我喪失の恐怖に直面しなければならない」という。(註12)

青年時代には、いろいろなことを試される。

そのたびに、自我喪失の恐怖を味わう。

入学試験など、学力や実力を試される機会がある。恋愛の場合もそうである。失恋するかもしれないし、誘っても断られるかもしれない。

しかしその自我喪失の恐怖の一つ一つが、竹の節目である。

それを機に先に伸びていく。

自我価値剝奪のリスクを怖れると、小さな世界に閉じこもらざるを得ない。何か

の試験を受けるのもそうだし、クラブ活動に入るのもそうである。常に失敗する可能性はある。それらにあえて挑戦して伸びていく。

リスクを取らない人が、最後に行き着いた先がサディズムである。つまり絶望である。「サディズムは絶望という土壌の上に生えてくる」とカレン・ホルナイはいう。

自我価値喪失のリスクをおかさなければ、何かに挑戦出来ない。挑戦しなければアイデンティティーの確立はない。

挑戦すれば失敗はある。挑戦するためには、自我価値喪失の不安と恐怖はある。だけど、生きがいはある。生きている実感はある。


しかしここで見逃してはいけないことがある。

それはあくまでも「自分の意志」で挑戦するということである。自分の意志で挑戦して失敗して、はじめてそれがアイデンティティーの確立につながる。

エリート・コースを突っ走りながら、途中で挫折して自殺したり、うつ病になったりする人がいる。そうなるのは、自分の意志でエリート・コースに挑戦していないからである。

親に服従して、認めてもらいたくて親の敷いたレールの上を走っている限り、成功も失敗もアイデンティティーの確立にはつながらない。

外から見れば、次々に挑戦している。小学校から挑戦の連続である。しかしそれは強制された挑戦である。挑戦というよりも、実は服従である。

自らの意志で自我価値の喪失に直面して、それを乗り越えたのではない。

それはアイデンティティーの確立への道ではなく、自己疎外への道である。

アイデンティティー確立への道と自己疎外への道は、外から見れば同じように見える。

自分の意志で政治家に立候補した人がいる。そして落選した。しかしその人はアイデンティティー確立への道を確実に歩んだ。

ある人は、親や周囲の人の期待に背けないで政治家に立候補して、当選した。しかしその人は自己疎外への道を歩んだ。

だからこそ世の中には、成功していないが心理的に安定している人がいるのに、成功しているが心理的に不安定な人がいるのである。

■「最も心理的に安定している人」の心の姿

柿の木が一本あった。柿がおいしそうに生っていた。
自分は登る自信がない。
でも「あの柿を食べたい」。
彼は通りがかりの人に取ってもらおうと待っていた。
でも取ってくれる人は来なかった。
彼は台風がきて柿を落としてくれるのを待っていた。
しかし台風はこなかった。
最後に腐った柿が落ちてきた。

次の年も、そのまた次の年も同じようにして過ぎた。
彼は柿を求めて、最後まで柿を取らなかった。
三十年間柿は目の前にあった。

そして言い訳を始めた。
でも、いいよね、怪我しなかっただけいいね。
仕方ないね、仕方ないね、仕方ないね。

ずーっと柿を見ているよりも一度くらい柿を取ってもよかった。

そして登って怪我をしても、それですっきりしたに違いない。


人間は自分自身の力に頼り、完全な人間になるためにエデンの園に別れを告げなければならない（註13）。


昔から「産みの苦しみ」という言葉がある。「成長の苦しみ」がそれである。

成長の苦しみが、「解放と救済につながる」ことになる。

成長することは人間の本性である。本性に逆らえば病気になる。心理的に不安定になる。

安全の選択は、その時その時は心理的に楽だけれども、最後には絶望が待っている。ある人にとってはサディストというパーソナリティーが待っている。

サディストの老後は悲惨である。いじめる力がなくなっている。今度は、若い頃自分がいじめた人が、いじめに来るかもしれない。

最も自我の確立している人は、つまり最も心理的に安定している人は、人生の最後に、「これ以外に、自分の人生の選択はなかった」と確信している人である。

社会的な成功と失敗は、心理的安定とは無関係である。社会的評価と心理的安定とは無関係である。

晴れの日も雨の日もあったが、「これ以外に、自分の人生の選択はなかった」と確信している人は、全ての自分の力を出し切って生きてきた人である。

人生の勝者とは、怯えて人生の戦場から退却して、斜めに構えた人ではない。正面から現実と向き合って、力の限り生きた人である。

心理的に安定している人は、人生の戦場で戦い続けて死んだ人である。自我価値の防衛などに生きるエネルギーを使わなかった人である。

先に挙げた、「ステレオタイプな幸せを求めた人」のように、その時代に文化的に同調した「幸せな人」が、実際には心の中で惨めであるということがある。

社会的に最も健康である人が、不幸で異常であるということがある。フロムはそう感じることとさえあるという。(註14)

人の評価は気にしない。重要なのは自分の自分に対する評価である。

「自分はやれるところまでやり抜いた」という自分の評価である。

若い頃、ノートに書いていた短歌がある。多分古文の本を読んでいた時に感動して書いていたのだと思う。

見る人の、心ごころに　まかせおきて　高嶺に澄める　秋の夜の月

■「笑顔のうつ病」に陥るな

恥ずかしがり屋の人のように、拒絶されることが恐い人は、アイデンティティーの確立は難しい。

拒絶されることの恐怖は、まさに自我価値喪失の恐怖である。

認めてもらいたくて嘘をついた。

これがアイデンティティー確立のために、自我喪失の恐怖に直面することを避けたということである。

「苦しみは成長と救済に通じる」と信じることのメリットは、まずアイデンティティーの確立である。それによって、生きがいのある人生が送れることである。

健康な子どもは、成長し先に進むことを楽しむ[註15]。

逆にいえば、心理的に不健康な人は、退行欲求に従って人生に苦しむ。

「苦しみは成長と救済に通じる」と信じることのメリットの第二は、自分の内に価値を発見出来ることである。

カレン・ホルナイも同じ趣旨のことをいっている。


自分の心の葛藤に直面し、解決を求めようとすればするほど、内面の自由と力を獲得する。(註16)

カレン・ホルナイとアドラーは、言葉こそ違うが、いっている内容は同じである。

心の葛藤に直面するよりも人を批判している方がはるかに楽である。自分の運命を歎いている方がはるかに楽である。

それが「苦しみは成長と救済につながる」ことを知らないで、今に「固執する」ということである。

心の葛藤を持っている人は外から見ると何も背負っていないように見える。しかし見えない重荷を持っているからいつも疲れている。

心の葛藤で内面の自由と力を獲得し損なっているのだから、生きる能力を落としているということである。

幸せになりたいという願望と、退行欲求との葛藤に苦しんでいる人は多い。

それは「幸せになりたい」といいながら、暗い顔をしている人たちである。

もっとひどい例は、「私は幸せです」といいながら、心の底で暗い気持ちに悩んでいる人たちである。

「笑顔のうつ病」という言葉がある。(註17)

自分の内面の苦しみを隠すために笑うことである。

「笑顔のうつ病」と書いたもとの英語は Smiling depression である。これは、その人の内面の世界について間違った印象を与える。

「苦しみは成長と救済に通じる」と信じることの第三のメリットがある。

それは心理的に健康な努力と神経症的努力の選択で、心理的に健康な努力をすることである。これが出来れば最後には幸せになれる。

幸せになりたいと努力しながら最後に挫折する人は、「幸せ」ということを間違って解釈している人である。間違った努力をする。

消費社会で「幸せに見えること」と「幸せであること」とは違う。

消費社会の中で、幸せと見られることは、多くの場合「偽りの幸せ」である。

消費社会の中で、心理的成長に挫折した人にとっては、幸せと見られることは、幸せであることよりも大切になる。幸せである願望よりも幸せと見られたいという願望の方が強い。

偽ブランドを身につけて幸せと思っている人たちである。

自信がないのに自信があると思っているのと同じことである。

消費社会のあり方が、人間の心理に影響する。

目的を持って日夜努力していれば、その積み重ねが自信になる。

ところが、消費社会に影響された人の中には、この積み重ねの過程での努力が自信を与えるのではなく、結果が自信を与えると、間違って思い込む。

そこで自信がないのに自信があると思っている人が現れる。その象徴が「笑顔のうつ病」という言葉である。

本当は自信がない。それなのに幸せそうに笑顔でいる。

本当の自分の感情が分からなくなっている。

そこで幸せと思っている人の割合は案外多いのに、多くの人がイライラしたり、クヨクヨしたり、将来に不安を持っている。

■認めたくない現実を認めるときに、人は成長する

ロロ・メイの「意識領域の拡大」という言葉も、「苦しみは成長と救済に通じる」という言葉と同じ意味である。
あることが自分にとって耐えがたいから、そのことを無意識に追放した。それが不幸の始まりである。
フロイドは、「まったく自分に正直になることは、人間のなし得るまさに最善の労作である」という。(註18)
正直は最善の生き方というが、それは苦しいけれど最善の生き方という意味である。心理的に楽な生き方が最善の生き方ということはない。

自分の価値を否定されるようなことを誰も認めたくない。
しかし認めたくないことを認める時に、人は成長する。
つまり意識と無意識の乖離が解消する。
それは辛く苦しい。
さらにシーベリーも同じ趣旨のことを主張している。

経験を受け入れ、問題が起こるたびに次つぎと征服していくことです。そうすれば、人生はどんどん楽なものになっていきます。

逆に、できごとをぼけた忍耐で耐えていけば、トラブルは果てしなく続くでしょう。よりよい道は、目的を復活させることにかかっているのです。(註19)

懸命に努力しながら最後に挫折する人は、目的を間違っていた。

社会的に成功すれば、人生の諸問題は解決出来ると思って頑張る人がいる。しかし自己栄光化で心の葛藤を解決しようとする人は、ますます弱い人になる。ますます心理的に不安定になる。

強さから力を求める人が正常で、弱さから力を求めるのは神経症である。(註20)

■ある詩が伝える「現実を認める」ことの重要性

「無名兵士の言葉」というものがある。ニューヨーク大学内の壁に掲げられた作者不明の詩であるが、もともとは、「失意の若者へ」という題であったようだ。

そこに次のように書かれている。

「大きなことを成し遂げるために力を与えて欲しいと神に求めたのに、謙遜を学ぶようにと弱さを授かった」

「世の人々の賞賛を得ようとして成功を求めたのに、得意にならないようにと失敗を授かった」

そうして幸せになったというのである。

「求めたものは一つとして与えられなかったが、願いは全て聞き届けられた（中略）私はもっとも豊かに祝福されたのだ」

要するに、幸せになるなんて理屈としては簡単なことである。自分の現実を認めることなのだ。

でも、その簡単なことが出来ない。

それを劣等感という。

「大きなことを成し遂げるために力を与えて欲しい」など全ての欲しいものが手に入っても彼は幸せにはなれなかったであろう。

幸せになるためには彼自身が変わる必要があった。そして変わるためには「弱さを授かる」必要があった。

弱さを授かったからこそ、彼は謙遜を学べた。

「成功は人の悪い性質を呼び出し、失敗は良い性質を呼び出す」という格言をどこかで読んだことがある。

私は、そういう場合もあれば、逆の場合もあると思っている。

失敗がその人の良い面を引き出すこともあれば、その人の悪い面を引き出してしまうこともある。

問題は成功、失敗というその体験自身ではなく、自分に与えられた現実にどういう態度で臨むかということである。

まさにフランクルのいう態度価値である。

長い人生には成功もあれば失敗もある。幸運もあれば不運もある。当たり前のことであるが、山あり谷ありというのが人生である。

幸せになれるかなれないかは、成功か失敗かが問題ではない。その人のパーソナリティーの問題である。

「無名兵士の言葉」は、今まで触れた多くの先哲の教えと同じ意味であろう。

失敗したから、病気になったから、貧しくなったからといって、何もしないで祝福されるわけではない。

失敗したら苦しいけれど、その現実を否認しないから最後には祝福される。

失敗を正面から受け入れて苦しみ悩むから、最後には祝福される。

苦悩能力があるから祝福される。

失敗を素直に受け入れるから、不幸を受け入れるから救済に通じる。

「世の人々の賞賛を得ようとして成功を求めた」、その動機に、問題がある。この動機で成功したら傲慢になり人々から嫌われる。

まさにこの人は「得意にならないようにと失敗を授かった」ことで救われている。

「世の人々の賞賛を得ようとして成功を求めた」人は、小さい頃耐えがたい屈辱感を味わっている。この人の成功はいうなれば報復的成功である。

この「無名兵士」は何も努力しないで、「もっとも豊かに祝福され」たわけではない。

この「無名兵士」は病気や失敗の苦しさを乗り越えたのである。

そしてさまざまな困難を乗り越えた人だけがはじめて感じることの出来る幸せをつかんだのである。

この「無名兵士」だって「自分は病気だから何をしても駄目なのだ」と思って自らの人生を捨てることも出来た。

■苦労人だったアドラーが身につけていた知恵

人を巻き込んで心の葛藤を解決しようとする人は、ますます弱い人になる。

たとえば、「親子の役割逆転」をするような親である。「親子の役割逆転」とは親が子どもに甘えることである。本来は子どもが親に甘える。たとえば子どもは親を独占したい。「親子の役割逆転」では、親が子どもを独占したい。子どもが外で友達ができるのを嫌う。子どもが親とは別の自分の世界を持つことを親は嫌がる。

人間の「強さ」と「弱さ」とは何かを書いておきたい。

「強さ」とは人格の統合性のことである。

「弱さ」とは心の葛藤のことであり、意識と無意識の乖離のことである。

自分には心の葛藤があることを認めることで、人格の統合性が強まる。そこで本当のエネルギーが湧いてくる。

人格が統合されておればおるほど、その情動が強迫的になることはそれだけ少ない。（註21）

強迫的になるとは、どういうことか。あることを、気にしないように心掛けてもどうしても気になってしまう。人とのゴタゴタを気にしないように心掛けてもどうしても気になってしまう。気にすまいと思っても、どうしても「気になってしょうがない」ということが強迫性ということである。

もっと簡単にいえば、食事でどうしても腹八分目に出来ない。満腹になるまで食べないではいられない。腹八分目が健康に良いと分かって、それを実行しようとするが、どうしても出来ない。それが強迫性である。

思い当たる人は、「自分は未だ人格の統合性の確立がなされていない」というメッセージと受け止めることである。

木は根がしっかりと張れていなければ、強い風ですぐに倒れてしまう。

その年齢にふさわしい人格の統合性とは、木でいえば、どのくらいしっかりと大地に根が張れているかである。木にとっての台風は、人間でいえば人間関係のトラブルみたいなものである。


人格の統合が、「苦しみは成長と救済に通じる」という言葉を信じることの、第四のメリットであろう。

具体的には次のような意味になる。

苦しめば苦しむほど人生のトラブルから解放される。

苦労が多ければ多いほど、人生のトラブルは少なくなる。

アドラーは小さい頃、足が不自由で仲間との付き合いに苦労があった。ユダヤ人で人種差別され、病気がちであった。貧乏学生だった。アドラーはいろいろと苦労した。

そうしてその苦労こそが、その後の人生の試練を乗り越える時に役に立った。

苦労人の方が人の気持ちを理解している。

苦労している人の方が人間関係は上手くいく。

人生の重荷をプラスにする人とマイナスにする人といる。アドラーは社会的感情なしに人生の諸問題を解決出来ないというが、それは社会的感情なしに人生の重荷をプラスにすることは出来ないという意味でもあろう。

アドラーは英語の著作では社会的感情と書いているが、ドイツ語では共同体感情と書いている。いずれにしても人とのつながりなしに健全な成長をすることは出来ない。


驚異の大成功をして自殺したデモステネスと、最後まで生き抜いたアドラーの違いはどこにあるのか。

「彼はどうすれば仲間に信頼され、どうすると仲間から嫌われるのかというようなことを身につけた」、アドラーはストリートでグループ意識を発展させた。

会社内での出世競争に勝ち抜いて、社長になろうとするような生き方が、間違った生き方である。間違った目的である。

一緒に働いている仲間と、仲間意識を持てるようになることが、所属意識を持つことである。つまり劣等感から解放されることである。

社長になっても深刻な劣等感に苦しむ人もいれば、エリート・コースから外れても劣等感のない人もいる。仲間意識があるかないかの問題である。

■他人からの賞賛がなければ満足出来ない人になるな

神経症になった人は、辛さから目を背けるために頑張った。頑張り方が間違っていた。頑張る方向が違っていた。目標とか目的が違っていた。

目標が間違っているのだから、努力すればいよいよ道に迷う。

だいたい突っ張っている人の努力は意味を持たない。

走っている電車の中で、逆向きに駆けているみたいなものである。

本人は駆け足をしたつもりでも、外との関係では何も変わっていない。

本人は凄いことをいったつもりでも、周囲の人は、またバカなことをいってと、思っているだけ。

「富士山はあそこよ」と神経症的傾向の強い人はいわれた。

そこで神経症的傾向の強い人は全速力で富士山目がけて走り出した。

沿道の拍手を求めて疾走した。恥をかきたくないと頑張った。

しかし疲れて倒れた。

そして人々の声がした。

「あの人、行けなかったわねー」


他人に見せびらかしたくて大きな家を作った。

「わー、素晴らしい家！」と人々がいった。

だけど自分の居場所がない。

その人は「空《くう》をつかんでいる」。

それが幸せの幻想。だから虚無感。


寂しくなってもっと大きな家を作ろうとした。

無理がたたってノイローゼになった。

彼は皆が「ワー」と騒ぐから、自分の心と逆のことをしてしまい、ノイローゼになった。

人々は頑張りすぎたから彼はノイローゼになったという。しかし彼がノイローゼになったのは、自分を作らないで家を作ろうとしたからである。

彼は頑張ったのではない、逃げたのだ。

彼は他人に認められないと存在できない自分を立て直さなかった。

■「断念」出来る力が、あなたの人生を救う

「苦しみは成長と救済に通じる」という言葉を信じる第五のメリットは、苦しむ中で道が見えてくるということである。

苦しみから逃げなければ、自分が分かってくる。自分のコミュニケーション能力の欠如も見えてくる。

つまり、苦しむことで自分に気づく（Self-awareness）ことが出来る。

自分は心の底で何を求めているのかが分かってくる。

自分にとっての、偽りの幸せと真の幸せの違いが見えてくる。

苦しむ中で潜在的能力の開発に努める。苦しみを乗り越えようと自分の潜在的能力の開発に努める。

どのような場合にも成長欲求に従うことが大切なことは変わらない。

自己実現している人には、少数の親しい人がいるとマズローはいう。

いやアドラーも、フロムもライヒマンも皆同じように、人が心理的に正常であるために社会への関心や親しい仲間が必要であることを強調している。

認めてもらいたくて嘘をつき、不幸への道を歩き出すようなことになるならば、認めてもらえない苦しさに耐えることが、「苦しみは成長と救済に通じる」という意味であることが分かるだろう。

親は「実際の自分」を認めてくれない。親に認めてもらいたい。でも親が人を認められるような人間ではない場合がある。たとえば、神経症者は人を認めない。

人を認めることが出来ない人間に認めてもらおうとする努力ほど、惨めな努力はない。

「苦しみは成長と救済に通じる」とは、そのような時でも、「自分の親は人を愛することが出来ない人間である」という運命を受け入れることである。

それは断念である。

その断念の苦しみを通して、人は成長し、人生に意味を感じ、心の救済に至る。

逆境に強い人は楽観主義である。成長欲求を選んだ人である。断念出来る人である。

悲観主義の人は、隠れた退行欲求の表現である。苦しみから逃げてしまうため、断念するような機会がない。


神経症になるような人は自我防衛を間違えたともいえる。

防衛の苦しみは救済につながらない。

たとえば、人に復讐するための復讐的勝利も、防衛の間違いの一つの例である。最終的に生きられなくなる。

劣等感の苦しみを優越感で乗り切ろうとした。これも間違いの一つの例である。その間違った態度に人生の挫折の根源がある。

フランクルがいっている。


どんな病気にもその「意味」がありますが、その病気のほんとうの意味は、（中略）いかに苦悩するか、というところにあるのです。（註22）

人間にとって苦悩もまた意味を持つのだというフランクルの視点も、アドラーなどとほとんど同じ趣旨と受け取ってよいだろう。

苦しいことがあった時に、「この苦しみには何か意味がある。自分に何を教えているのか?」と考える。

苦労がないことが必ずしも幸せなことではない。心の苦しみがないことが必ずしも幸せではない。

■自己実現ではなく「自己栄光化」をしていないか?

人は自らの視野を広げようとして苦しむ。しかしその視野を広げる苦しみが「成長と、人生の意味と、心の救済」につながる。

神経症というのは、視野を広げることを拒否することである。

フランクルは、「患者の価値視野をひろげてやって、それによって患者が意味と価値の可能性の充実に、いわば価値の全スペクトルに気づくようにさせてやることは、ロゴテラピーの課題のひとつです(註23)」と述べている。

キツネは「あのブドウは酸っぱい」といった。

甘いと正直に認めればおそらくブドウは欲しくなくなる。それは現実を認めることで視野が広がるから。

キツネは「あのブドウは酸っぱい」といって、今の態度に「固執」した。本当の苦しみを逃げたから、より苦しくなる。


神経症者は、出来ることをしないで、出来ないことをしようとするという。

神経症者にとって、「出来ること」とは社会的、肉体的には出来るが、心理的に出来ないことである。

「出来ないこと」とは、社会的、肉体的には出来ないが、心理的にしたいことである。

要するに神経症者は自己実現ではなく、自己栄光化をしたいのである。そういう意識で、どんどん自分で自分を苦しくしている。

劣等感と優越感は、視野の狭さという意味では全く同じである。人と心が触れていないという意味では全く同じである。

愛情飢餓感が強いという意味でも全く同じである。深刻な劣等感のある人と猛烈な優越感のある人は、心の底のそのまた底では、求めているものは全く同じである。

劣等感に苦しんで、優越感に走るのは、意志は意志でも愛のない意志である。救済と成長につながらない。「愛と意志とは相互依存的なものだ」というのはロロ・メイの主張である。

愛のない意志は「操作になってしまう」(註24)。

愛のない意志は防衛的態度だから、苦しみが成長と救済につながらない。逆にノイローゼ的な傾向を強めるだけである。

防衛的態度は現実から逃げた態度でしかない。苦しみに防衛的態度で対処すれば、時にそれはうつ病や自殺につながりかねない。


現実を認めない防衛的態度だと、どんなに苦しんでもその苦しみが成長と救済につながることはない。

防衛的態度の苦しみは、現実と戦い、そうして苦しんだのではなく、自我価値を守るために、単に現実から逃げた結果である。

苦しみが成長と救済につながるのは、現実から逃げないで苦しんだからである。

これがおそらくフランクルのいう「苦悩能力」である。

自分は恵まれない人間環境で生まれた。その結果、所属感の欠如から深刻な劣等感に苦しんでいる。

その時に現実の自分の恵まれない環境を恨むのではなく、自分の運命を受け入れて、自分に課せられた基本的不安に正面から耐えて、孤独に苦しむ。

その苦しみが成長と人生の意味と救済につながる。

もし、現実を受け入れて苦しむのではなく、その苦しみから逃れようとするとどうなるか。すると、他者に優越することで、自らの不安に打ち勝とうと必死の努力をする。それが防衛的態度である。

この態度ではどんなに頑張っても自分の弱点から解放されることはない。成功しても失敗しても、劣等感の苦しみは深刻化するだけである。

まさにフランクルがいうように、「成功と失敗」と「絶望と充足」とは違った次元に属している。(註25)

■自分の弱点を認める苦しさが「成長」につながる

人は怒りと孤独の処理で人生を間違える。

悩んでいる人は、自分の心の中の怒りと孤独を認めない。

認めないが、現実にはその人は怒りや孤独に動かされている。

そうして頑張る。つまり「固執」である。しかしどんなに頑張っても事態はどんどん悪化する。

心の底に怒りや憎しみがあれば、どんなに頑張っても人間関係は最終的には上手くいかない。

ことに身近な人との人間関係は上手くいかない。

深刻な劣等感のある人は、心の底に怒りを持っている。それは隠された怒りである。隠された憎しみである。

深刻な劣等感のある人は、たいてい自分の心の中の怒りと憎しみを認めない。

身近な人との人間関係が上手くいかないのは、自分が無意識に怒りと憎しみを持っているからだとは認めない。

それを認めることは何よりも苦しいからである。

自分に正直になることは何よりも苦しい。だから時に人は現実を認めるくらいなら死んだ方がいいといって死んでいくのである。

どうしても認めたくないものがある。それを認めることはなによりも苦しい。しかしそれを認めることが解放と救済につながる。成長する。人格が統合される。

それを認めないことが神経症につながる。

それを認めないなら幸せになれない。

「もしそうであるなら私は幸せになれなくていい」というのが神経症である。

おそらく最も苦しいのは、自分に正直になることである。それは真実と直面することだからである。

ジョージ・ウエインバーグによれば、真実があまりにも恐いから真実から逃げて自分を守るのが抑圧である。

抑圧とは、認めることがあまりにも辛いので、それを自分の意識から無意識に追放することである。

その抑圧を止めることが、苦しみが解放と救済につながるということである。

燃え尽きる人は弱点を隠すのが上手いと、フロイデンバーガーはいう。

人はなかなか自分の弱点を認められない。小さい頃からその弱点がもの凄いことであるかのように、その人の心の中にビルトインされている。

自分の弱点を過剰に意識している人は、生きる方向を間違える。

燃え尽きる人は、「気持ちが不安定で、人をけなし、怒りっぽく、がんこで他人の忠告に耳を傾けようとしない（註26）」。

生きる方向が間違っているから、苦しんでも、苦しみは解放と救済につながらない。

自分の弱点を受け入れるくらいなら死んだ方がいい。そう思う人は周囲の世界を敵と感じている。

しかし自分の弱点を認める苦しさが、「成長と救済につながる」。

興味と関心で動いている人は、それほど弱点にこだわらない。

悩んでいる人の話を長々と聞いていても、悩んでいる人には、「私はこうしたい」、という意思がない。

■名声追求で心の葛藤を解決しようとすると失敗する

悩んでいる人は、愛情飢餓感に苦しんでいる。人を恨んでいる。

「名声を求めている者は愛を求めている」という詩が、ジョージ・ウエインバーグの著作に載っていた。

名声を求めることに固執するのが神経症である。

名声は、愛情欲求の代償的満足だから、どんなに名声を得ても真の満足は得られない。

強迫的に名声追求をしている人は、自分は愛情飢餓感を持っているということに気がつくことが決定的に重要である。

自分は愛情という点で恵まれない人間環境で成長した。「自分の親はそういう親だった」という運命を受け入れる。それが出来れば、「愛されたいという欲求」の断念を通して、苦しみは成長と救済に通じる。

とにかくSelf-awareness（自分を知ること、自分に気づくこと、感情の自己認識）が、重要である。

Self-awarenessと断念を通して、人は自立出来る。

Self-awarenessを通して、相手を理解する能力が増す。

名声を求めるから、苦しみが成長と解放につながらない。逆に、強迫的名声追求に陥る。

それはアドラーの言葉を借りればInefficient attempt（無駄な努力、効果のない努力）である（註27）。

名声追求で心の葛藤を解決しようとする試みは失敗する。

そういう人は、心が幸せになる能力がないから、不幸なのに、現実の苦しみで不幸と思ってしまう。現実の苦しみと心の苦しみとは違う。

現実の苦しみには現実の対処が必要である。心の苦しみには心の立て直しが必要である。

それぞれで、それぞれに対応する。

たとえばオイディプス・コンプレックスを乗り越えられない子どもは、親のお気に入りになろうとする。

その人が不幸な原因は「オイディプス・コンプレックスがあるから」である。

それなのに社会的成功で幸せになろうとする。しかし代償満足としての成功が得られない。そうすると、そちらの失敗が不幸の原因と思ってしまう。

その時々の失敗は、心の中にすでにある不幸の引き金に過ぎない。無意識に深刻な問題を抱えていれば、その時の些細な失敗をもの凄いことに感じる。

その時々の失敗が深刻な問題なのではなく、すでに抱えている心の問題が深刻なのである。

たとえば、意識と無意識の乖離が深刻である。

恥ずかしがり屋の人が失敗を恐れるのは、失敗することで心に大きな打撃を感じるからである。問題は恐れている失敗そのものではない。恥ずかしがり屋の人がすでに大きな心の問題を抱えているから失敗が怖いのである。

自分の力が試されるのを恐れる人も同じである。失敗することで自分の自我価値が剝奪されるから、自分の力が試される機会が怖いのである。自我価値が安定している人は、自分の力が試されることを恐れない。

たとえば、意識では誇大な自我のイメージを持ちながら、無意識では深刻な自己蔑視があるとする。そういう人は自分の力が試されることを恐れる。

そういう時に、苦しいけれども、「なぜ自分は恐れているのか？」と正面から自分に向き合うことが、「苦しみは成長と救済に通じる」という結果を生むのである。


こうした内面的要因の発見が、より新しい洞察力をもった魂をつくる。(註28)

「より新しい洞察力」、それが心の能力である。

幸せは大股で歩くものではない。

幸せは、「こんな小さなこと」というようなことの積み重ねである。

■人間として最高の価値の実現とは何か

苦しみへの対応を間違えると、人はどんどん自己不適格感を存続強化していく。

高齢になっていよいよ生きるのが辛くなるのは、そのためである。

たとえば、何かをしないではいられないという強迫性に苦しんでいる人がいる。

強迫性の任務は「意識することを妨げること、苦痛を弱めること」である。(註29)

それをしていれば、そのことを意識しないで済むなら、何でもそれは強迫性になる。

背が低いという劣等感から、竹馬に乗ってしまう。それが劣等感から優越感に変わることである。

ベラン・ウルフは劣等感について竹馬の例を出しているが、竹馬に乗っていれば、背が低いという劣等感に苦しまないでいられるなら、いつも竹馬に乗っていないではいられなくなる。それが強迫性である。

劣等感で竹馬に乗るなら、竹馬に乗っている苦しみは解放と救済に通じない。

人がかたくなになった時は、何か重要な感情を抑圧している。

ジョージ・ウエインバーグのいうように抑圧は柔軟性の敵である。

一九九七年に、ヘブンズ・ゲートというカルト集団の信者たち三九人が集団自殺する事件があった。その直前に、その中の一人の信者が次のようにいった。

「私はこれ以上良い選択は出来ない」(註30)

これは退行欲求の選択を続けて、まさに、デッド・エンドになった状態である。

ここまでくると、この段階では退行欲求の選択しかない。

「死ぬ以外に方法がなくなった。この選択しか出来ない」

こういう人たちは、指示なくして動けない人たちである。強い指示がある人についていくしかない。自己不在だからである。

この「どうしようもない気持ち」を処理してくれる人が教祖である。教祖が母親になっている。

「自殺以上の選択がない」と思わなければ死んでいかれない。自分を騙すしかない。これ以外に良いことはないと思わなければ悔しい。

心の底のそのまた底では、もっといい選択が欲しいと思っていても、もうどうにも出来なくなっている。

彼らも本当は、自殺は恐ろしい。

なのに彼らは「私は世界一幸せです」といって死んでいった。

彼ら自身「私は世界一幸せです」というのは嘘だと心の底では知っている。

しかしこう思うまいと思ってもこう思わなければならない。

彼らも自殺したいわけではない。しかし自殺しないではいられなかった。

彼らは「成長に望ましいことを選択」出来ない。その心の能力がない。

逆に、「健康な子どもは、自由な選択において、自分の成長に望ましいことを選択する(註31)」。

恵まれた環境で生きてきても、なお「成長に望ましいことを選択する」ことには困難が伴う。

それなのに本当の愛を体験しないで生きてきて、なおかつ「自分の成長に望ましいことを選択」する人がいる。これが真の勇気ある人である。その選択は人間としての最高の価値の実現である。

「健康な成人の性格形成に対する児童期の満足感の良い意味での結果であることは

明白」（註32）

世の中には人間として最高の価値を実現しながらも、それに気がついていない人がいる。

恵まれない環境で生きながらも、自己実現して生きている人である。

私たちは、人間は皆同じと思っている。そこが決定的な間違いである。

人間は心を見れば全く違う。

心を見れば、蟻もいれば象もいる。

蟻が運んだ荷物と、象が運んだ荷物を同じに評価してはいけない。

ライオンの戦闘能力と、ウサギの戦闘能力は違う。

ミミズと大蛇は違う。

愛されて育った人の心と、虐待されて育った人の心では全く違う。

また、先に書いたヘブンズ・ゲート集団自殺事件の当事者で、次のようにいった人もいた。

「今日が生涯でも最も幸せな日」（註33）

これも同じである。

本当は今が辛い。しかし今が幸せと思わなければ、自分を侮辱した人たちへの復讐が出来ない。

そして人生で最も幸せな日と自分にいい聞かせて死んでいこうとする。

死ぬことで、救われると思い込もうとする。

彼らは人生の諸問題の解決から逃げて、逃げて、つまり何をしてもそれを否認して、合理化して、心理的に楽になるように楽になるように解釈して、試練を延期してきた。

そして現実には解決していないのに、想像の世界で生きて、解決したと思い込む。

しかし結果は、デッド・エンドになった。

これが先に書いた、「認めなければ幸せになれないなら、幸せになれなくて良い」ということである。

「乗り越し乗車の支払いは、最後の駅ではしなければならない」という言葉が、ネイティブ・アメリカンの言葉にあった。ツケの支払いはいつかしなければならない。

今の悩みは今までの生き方のツケだと認識出来れば、今の苦しみは半減する。苦しみの意味が分かる。

そして「今までの生き方のツケ」を払うことで、疑似成長が本当の成長になる。

つまりツケを払っている時は、人生の土台を作っている時である。

ツケを払っている時というのは、苦しんでいる時である。

彼らへブンズ・ゲートの人たちが、「人生の諸問題の解決から逃げられた」と思ったのは間違いである。

今の人間関係の困難は、過去の人間関係の未解決な問題が起こしたものである。

ベラン・ウルフがいうように、悩みは昨日の出来事ではない。

■自殺する人の本音

ノイローゼ患者はだんだん悪化するという。
彼らの新しいエネルギーの出口を見つけてやらない限り。
神経症は自己永続的である。(註34)
自己永続的であるということは、放って置けば死ぬまで神経症的傾向はなくならないということである。

実際マズローは、「性格構造と同じである」(註35)という。

もしそうであれば、神経症者は「自分と同じような人が楽しく生きているのに、なぜ自分はこんなに生きることが苦しいのか？」という疑問を考えなければならない。

「楽しく生きている人と自分はどこが違うのか？」を考えなければならない。

「自分はあの人たちと違って、何を解決していないのか？」と考えなければならない。

「自分自身を閉じ込めた」不幸の原点は、心の葛藤であり不安である。

「閉じ込めた自分自身」を解放するために、歪んだ価値観を正さなければならない。質《たち》の悪い人との関係を切らなければならない。


なぜこうなったか？

それは自分が自分自身を閉じ込めたからである。

そして退屈な人間になる、とロロ・メイはいう。


キエルケゴールのいう〝善〟とは、閉じこめられた人間が、自由の基盤に立っ

て自己を再統合するため挑戦することを意味する。（註36）

この言葉の意味を私なりに訳せば、「善とは苦しむことである」となる。

自分が自分自身を閉じ込めてしまうことが現実逃避である。

How to develop yourself を怠った。

自己実現を怠った。

自我の確立を怠った。

カルト集団で集団自殺していった人たちは、自分で悩みを解決出来ない。母なるものを持った母親を体験していないから、悩みを解決してもらおうとしている。

この人たちは、やるだけのことをやっていない。だから満足して死んでいかれない。

自殺していった人たちの最後の本音は「どうせ生きていてもしょうがないから死ぬのよ」である。

ありのままの自分を隠しているから、いつも怯えている。

■自分が出来ることをすることで、人は強くなる

自己の内なる力とは、「これが自分だ」と感じる体験から生じるものである。人は、自分が出来ることをすることで強くなる。

「強い人」とは、自己の内なる力を持っている人である。

「自己の内なる力」とは個の独自性である。疑似成長している人には全くないものである。無意識の世界が広ければ広いほど「自己の内なる力」はない。

幸福になる力はない。

そこで不幸になる。


もし人間が人間としての潜在力の実現につとめないなら、人間はそれだけ萎縮し、病気になってしまう。（註37）

別の視点からいえば、自己の内なる力とは、カレン・ホルナイのいう自己蔑視の四つの心理現象がないことである。

自己蔑視の四つの心理現象とは、

他人と自分を強迫的に比較しない、
自分で自分を傷つけない、
虐待を許さない、
強迫的名声追求をしない、ということ。
つまり、「自己の内なる力」は、自己蔑視がないことである。
「自己の内なる力」は自分を受け入れ、自分の潜在力を実現することで生まれてくる。
ロロ・メイは次のように書いている。
『変身』でカフカは、「自己の内なる力を失うとき、いかなる事態が生ずるか」を見事に描いている[註38]。

■現実から逃げることは、死ぬことに等しい

「自分自身になる」とは、「疑似自己」ではない自分になること。
つまり、感情が豊かであること。
1　自己肯定感が強い。

2　成長欲求がある。
自分が自分ではない「疑似自己」では、実存的欲求不満がある。

生きていることとの無意味感に苦しんでいる。

神経症者は、自我価値の剝奪を怖れて現実から逃げる。

落ちるのが怖いから試験を受けない。

しかし人は、もし「試験を受けるか、死ぬか」と選択を迫られれば試験を受ける。

政治家になりたいが落選が怖いから立候補しない。

しかし生きるか死ぬかと選択を迫られれば立候補する。

立候補しなければ殺されると思えば、立候補する。

実は、現実から逃げることとは、死ぬことに等しいのである。

自我価値の剝奪を怖れて現実から逃げた結果、最も恐ろしいことが起きた。つまり自己の内なる力の喪失である。

社会的に成功しても、それはフランクルのいう「成功と絶望」の成功である。成功しても、心は絶望している。
成功することではなく、心理的課題を解決することで人生に意味が生まれてくる。
もともと人生に意味があるのでもなければ、もともと人生は無意味なのでもない。
どう生きるかで人生は意味あるものにもなり、無意味なものにもなる。
個人が、不安創造的体験にうまく遭遇することから、自我－力（self-strength）が発展するといわれる。（註39）
苦労が多ければ多いほど心理的に成長し、理解力が増す。
わたしを強くしたのは、人生における勝利ではなく敗北だ。（註40）
マズローも、「自罰が神経症を生む」といっている。（註41）
神経症者は自分が自分を蔑む。他人が罰するのではない、自分が自分を罰するのである。

心の底では、自分が間違ったことをしていると知っている。そこで自分が自分を軽蔑する。そこで自己の内なる力を失う。

ある人から評価されたい、嫌われるのが怖い、権威に逆らえない、いろいろな理由から好きなことを嫌いといった、嫌いなことを好きといった。

そして心の底では、自分のした行動や態度を知っている。

自分が自分を軽蔑するのは、心理的には楽なことを選んだ結果である。

「無意識に自分は間違ったことをしていると知っている。その自分を蔑む気持ちが神経症を生む(註42)」

嫌われるのが怖いから、本当は反対なのに賛成という。本当は尊敬しているのに軽蔑しているという。

その結果、人生に感動がなくなる。

自分が間違ったことをしていると心の底では知っている。

その結果、自分自身を軽蔑する。(註43)

基本的欲求が満たされていないと、人に気に入られるために自分を裏切り続ける。
依存心が強いから、人に気に入られることで、幸せになれるような気がする。
頑張って、相手に気に入られる。でも不安。
なぜ人は服従しようとするのか？
それは安全で、保護されるから。
服従していれば、私は一人でないから。(註44)

■自分が直面すべき本当の問題から目をそらすと、事態はさらに悪化する

マズローは、「成長と発展は、苦悩と葛藤を通じて生まれてくる」という。(註45)
マズローの主張は正しい。
一体、成長や自己充足が苦悩や悲哀、不幸と混乱をともなわずして達成できるものだろうか。(註46)

アドラーの「苦しみは解放と救済に通じる」というのも、人間の生き方の基本的態度を示している。

アルコール依存症の人は、アルコールを飲めば、その時は楽であるが、結果はもっと苦しくなる。

安易な解決が事態を悪化させる。依存症は本質的には何も解決していない。

依存症の人は、自分が直面する本当の問題から目をそらす。そして本当の問題を意識することをブロックしてくれるものを見つける。

それが将来苦しみをもっと酷くする。

とにかく弱い人は本当の問題をブロックしてくれるものを探す。

夫婦関係の不和を、息子夫婦の不和に置き換える人がいる。本当は自分たち夫婦の関係が行き詰まっている。しかしそれから目を背けたい。

そこで、「息子夫婦が上手くいっていない、それが私の今の悩みです」という。

息子夫婦が上手くいっていないことにして、そちらに注意を向ければ、それが自分たち夫婦の関係が行き詰まっているという本当の問題を、意識からブロックしてくれる。

あるいは、本当は自分の将来の老後が不安なのに「孫が心配です」という。

自分を不安に陥れている問題を直視すれば、苦しいが解決する糸口は見つかる。

それが苦しみは成長と救済につながるという意味である。

現実否認というのが事態を悪化させる。現実を直視するという苦しみが成長と救済につながる。

本当の問題から意識をブロックする。それが将来苦しみをもっと酷くする。

■「不幸は心の苦しみである」と理解することから幸福は始まる

ロロ・メイのいう不安の消極的回避というのがある。次に挙げる四つである。

それは解決しているようで実は何も解決していない。つまり疑似解決である。
1　Rationalize it. 合理化である。憎しみが正義の仮面を被って登場する。
2　Deny it. これは度々説明している酸っぱいブドウ等である。
3　Narcotize it. 依存症も度々説明している。
4　Evasion of reality. 退却ノイローゼという言葉がある。不安な現実から退却する。
たとえば、パーティーに行って誰にも誘われないことを怖れて「私パーティーって嫌いなの」という女性である。これらがロロ・メイのいう不安の消極的回避である。

2の［Deny it.］について考えたい。

現実否認というのは現実から逃げる方法である。

本当のことを認めるくらいなら死んだ方がいいというのは、「苦しみは成長と救済につながる」ということを逆から述べている。

ベラン・ウルフのいう、「幸福も不幸も複利で増えていく」ということも同じ意味である。現実に直面するということが、苦しいけれども幸福につながるということである。

「正直が最善の生き方」というフロイドの主張も同じである。抑圧はその場を救ってくれるが、最終的には不幸をもたらす。

ジョージ・ウエインバーグがいうように、抑圧とは真実から身を守ることである。真実があまりにも辛いから、それから自分を守るために、人は抑圧をする。つまりあまりにも辛い真実を意識から無意識に追いやる。

「抑圧をした」ということは、その段階で心理的に未解決な問題を残したということである。

人間は無力と依存という宿命を背負って生まれて来た以上、苦しみから逃げないということのみが幸福をもたらすということである。


現実の苦しみと心の苦しみを区別出来ないから、苦しみを自罰と受け取る。

ここがポイントなので、何度もいうが、不幸は心の苦しみなのに、現実の苦しみと解釈するから苦しみを解決出来ない。


肉体的なことで説明すれば分かる。

インフルエンザにかかって高熱で苦しんでいる。体が三九度の熱。何をしても苦しい。

苦しみの原因は、会社の上司でもなければ、自分を捨てた恋人でもなければ、自分を裏切った友人でもなければ、給料の安さでもない。今の苦しみの原因はインフルエンザである。

心の病も同じことである。外側がどうなっても心が病でいれば生きるのは辛い。

■幸せな人生を創造するために「苦しみ」がプログラムされている

不幸を、「自分が心理的に未解決なたくさんの問題を抱えているから」と受け取る人が、人生の試練からの解放に自らを導く。

「神経症者は避けようとした苦しみよりも多くの苦しみを得てしまう」とベラン・ウルフはいう。

退行欲求に従ってしまうと、その時は心理的に楽だけれども結果的には今より辛くなる。

不幸せな人は、いつもその場その場で自分を取り繕う。

つまり苦しみは退行欲求を抑えて成長欲求に従うことである。それは成長の機会であり、それによって次第に退行欲求から解放されるということである。

「意識領域の拡大」のためには「なぜ?」と考えることが必要である。

その「なぜ?」が幸運の扉を開く。

誰がいい出したか知らないが、昔から「苦しみは、心の中に潜んでいる毒をとる」といい、「精神の垢取《あか》り」ともいわれる。

苦しみは謙虚さを授け、人を幸せの道に導いてくれるという。

「どうして私はこうまで、苦しまなければならないのか？」と歎く前に、今の苦しみは、長年にわたっての心理的に未解決な問題が山積しているためだと解釈する。

山積している問題を解決してくれる機会と、受け止めることが大切である。

今の自分の苦しみは、今までの心理的未解決な問題の集積の結果である。

つまり、今の苦しみを心理的未解決な問題を解決する機会と受け止めることが出来るかどうかである。

今までも心理的成長の機会はあった。しかしその機会を逃してきた。今回はこれを活かそう。

こう解釈出来れば、これが「苦しみは救済につながる」。

神経症者は、辛さから目を背けるために頑張った。

頑張ったけれども「自分はなぜこんなに生きるのが辛いのか？」と考えなかった。

「自分はなぜこんなに生きるのが辛いのか？」と考えることが、苦しむことから逃げないことである。

先に述べたごとく、人は苦しむ中で生きる道が見えてくる。

毎日イライラする。「なぜ？」と考えれば、自分が見えてくる。

「なぜ？」と考えれば、自分の自己執着の強さに気がつく。自分のナルシシズムに気がつく。コミュニケーション能力の欠如も見えてくる。

それを認めることは苦しい。

しかしその苦しさが「苦しみは解放と救済に通じる」ということである。

苦しみはSelf-awarenessである。

Self-awarenessの結果、自己執着がなくなれば、今まで辛い努力を必要としたようなことが自然と出来るようになる。

人とのコミュニケーションが自然と出来るようになる。

いつまでも救われない人は、自分の心に幸せになる能力がないから不幸なのに、現実の苦しみで不幸と思ってしまう。

「あれで幸せになる能力があったら」という言葉を読んだことがある。

それは、外側は全て満たされているのに、幸せではない女性についての説明であった。

「全ての困難を取り除いても神経症の予防には何の意味もない」というフランクルの言葉も同じ意味であろう。（註47）

［註］

1 Alfred Adler, *Social Interest: A Challenge to Mankind*, translated by John Linton and Richard Vaughan, Faber and Faber Ltd., 1938, pp.120-121
2 Karen Horney, Edited by Douglas H. Ingram, *Final Lectures*, W. W. Norton & Company, 1987, p.86
3 *Ego Defenses*, Edited by Hope R. Conte, Robert Plutchik, John Wiley & Sons, Inc., 1995, Robert Plutchik, A Theory of Ego Defenses, p.4
4 ibid., p.13
5 ibid., p.14
6 Karen Horney, Edited by Bernard J. Paris, *The Unknown Karen Horney*, Yale University Press, 2000, p.127
7 ibid., p.127
8 Alfred Adler, *Social Interest: A Challenge to Mankind*, translated by John Linton and Richard

Vaughan, Faber and Faber Ltd., 1938, pp.120-121
9 John F. Schumaker, *In Search of Happiness*, Praeger Publishers, 2007, p.32
10 David Seabury, *How to Worry Successfully*, Blue Ribbon Books, 1936,『心の悩みがとれる』加藤諦三訳、三笠書房、一九八三年二月十日、二一三頁
11 前掲書、二一七頁
12 Kathleen Stassen Berger, *The Developing Person Through the Life Span*, Worth Publishers, 1988, p.436
13 Erich Fromm, *On Disobedience*, Harper Perennial Modern Thought, 1963, pp.1-2
14 John F. Schumaker, *In Search of Happiness*, Praeger Publishers, 2007, pp.36-37
15 Kathleen Stassen Berger, *The Developing Person Through the Life Span*, Worth Publishers, 1988, p.45
16 Karen Horney, *Our Inner Conflicts*, W. W. Norton & Company, 1945, p.27
17 John F. Schumaker, *In Search of Happiness*, Praeger Publishers, 2007, p.24
18 Abraham H. Maslow, *Toward A Psychology of Being*, D. Van Nostrand Co. Inc., 1962, p.71,『完全なる人間』上田吉一訳、誠信書房、一九六四年六月十日、九一頁
19 David Seabury, *How to Worry Successfully*, Blue Ribbon Books, 1936,『心の悩みがとれる』加藤諦三訳、三笠書房、一九八三年二月十日、二〇九頁
20 Karen Horney, *The Neurotic Personality of Our Time*, W. W. Norton & Company, 1964, p.163
21 Rollo May, *Man's Search for Himself*,『失われし自我をもとめて』小野泰博訳、誠信書房、一九七〇年十二月五日、一一八頁

22　『フランクル著作集6　精神医学的人間像』宮本忠雄・小田晋訳、みすず書房、一九六一年十一月十五日、七一頁
23　前掲書、五二頁
24　Rollo May, *Love and Will*, Dell Publishing Co. Inc., 1969,『愛と意志』小野泰博訳、誠信書房、一九七二年、一頁
25　『フランクル著作集6　精神医学的人間像』宮本忠雄・小田晋訳、みすず書房、一九六一年十一月十五日、六〇頁
26　Dr. Herbert J. Freudenberger, Ph.D., ***Burn-Out***, Bantam Books, 1980,『スランプをつくらない生きかた』川勝久訳、三笠書房、一九八一年十二月十日、二八頁
27　Manès Sperber, Translation by Krishna Winston, ***Masks of Loneliness***, Macmillan Publishing, 1974, p.81
28　David Seabury, ***How to Worry Successfully***, Blue Ribbon Books, 1936,『心の悩みがとれる』加藤諦三訳、三笠書房、一九八三年二月十日、九四頁
29　George H. Weinberg, ***Self Creation***, St. Martin's Press, 1978,『自己創造の原則』加藤諦三訳、三笠書房、一九九〇年十一月十日、九〇頁
30　I could not have made a better choice.
31　Kathleen Stassen Berger, ***The Developing Person Through the Life Span***, Worth Publishers, 1988, p.45
32　Abraham H. Maslow, ***Motivation and Personality***, Harper & Row, 1954, p.65,『人間性の心理学』小口忠彦訳、産業能率大学出版部、一九七一年十二月十日、一二五頁

33 This is the happiest day of my life.
34 Abraham H. Maslow, *Toward A Psychology of Being*, D. Van Nostrand Co. Inc., 1962,『完全なる人間』上田吉一訳、誠信書房、一九六四年六月十日、八四頁
35 前掲書、八四頁
36 Rollo May, *The Meaning of Anxiety*, W. W. Norton & Company, 1977,『不安の人間学』小野泰博訳、誠信書房、一九六三年七月二十五日、三三頁
37 Rollo May, *Man's Search for Himself*,『失われし自我をもとめて』小野泰博訳、誠信書房、一九七〇年十二月五日、九七頁
38 前掲書、九七頁
39 Rollo May, *The Meaning of Anxiety*, W. W. Norton & Company, 1977,『不安の人間学』小野泰博訳、誠信書房、一九六三年七月二十五日、三六頁
40 David Seabury, *How to Worry Successfully*, Blue Ribbon Books, 1936,『心の悩みがとれる』加藤諦三訳、三笠書房、一九八三年二月十日、二一一頁
41 Abraham H. Maslow, *Toward A Psychology of Being*, D. Van Nostrand Co. Inc., 1962,『完全なる人間』上田吉一訳、誠信書房、一九六四年六月十日、一三三頁
42 前掲書、一三三頁
43 Abraham H. Maslow, *Toward A Psychology of Being*, D. Van Nostrand Co. Inc., 1962, p.8
44 Erich Fromm, *On Disobedience*, Harper Perennial Modern Thought, 1963, p.8
45 Abraham H. Maslow, *Toward A Psychology of Being*, D. Van Nostrand Co. Inc., 1962,『完全なる人間』上田吉一訳、誠信書房、一九六四年六月十日、一三三頁

46　前掲書、二二五頁
47　『フランクル著作集3　時代精神の病理学』宮本忠雄訳、みすず書房、一九六一年五月十五日、六九頁

あとがき

■人間の生き方の基本的態度

苦しいと思った時には、自分の心に安らぎがない。

その苦しいときに、なぜ苦しいのかを考える。なぜ安らぎがないのかを考える。

「矛盾と不安定という宿命」を背負った存在である人間が、どう生きたらいいのかということが、この本のテーマであった。

人間存在が矛盾しているということは、誰もが承知している。

欲求と規範、本能と理性、存在と当為、個の利益と全体の利益、善と悪、神性と獣性など、人間性の二重構造は誰でも容易に理解出来るであろう。

そして矛盾ばかりでなく、人間という存在の不安定さもやっかいな問題である。

モグラはモグラの世界で安定して生きている。モグラは決して自分を見失わない。人間だけが、自分自身であることを裏切って、自分でない自分を生きようとすることが多い。

人間だけが自分自身にねざして生きない(註1)。

人に認められたい、気に入られたい、拒絶されたくない、嫌われたくない、孤立を避けたい等々のために、本来の自分を見失う。

矛盾と不安定という存在である人間は、さらに無力と依存という宿命を背負って生まれて来ている。そうである以上、「苦しみから逃げない」ということのみが幸福をもたらすということである。

先哲の「苦しみは成長と救済に通じる」という言葉は、人間の生き方の基本的態度を示している。

■大きなことをするよりも、小さなことを成し遂げること

劣等感があるとどういう生き方になるのか。

それは全体として、勇気を持って人生を肯定することに欠けている、特徴ある生き方になる(註2)。

人間として生まれた以上、苦しみは避けられない。

今、人生の無意味感で苦しんでいる人の中には、人間として生まれたことの覚悟

が出来ていない人が余りにも多い。

本書でもふれたが、劣等感から優越感に、必死で逃げる人がいる。

その心理が、強迫的名声追求である。

劣等感と向き合うことなく、優越感を持つことで、劣等感を癒やそうとするのが、「苦しみから逃げる」ということである。

そしてその強迫的名声追求の過程で生まれてくる心理が、アドラーのいう否定的性格としての「異常敏感性」と「焦り」である。

強迫的名声追求は、自分の人生の問題の包括的解決である。一つ一つの問題に対応しないで、名声を得れば一挙に全てが解決出来ると思っている。

日々の活動にはいろいろな嫌なことがある。面倒なこともある。苦労も多い。日常生活はそういう日々の活動の積み重ねである。

当然、どの仕事だっていろいろな嫌なことがある。面倒なこともある。苦労も多い。

その日常の具体的な煩わしいことを避けようと思えば、強迫的名声追求になる。

神経症的傾向の強い人は、その日々の活動からくる不安や苦しみを回避して、一挙に解決したいという願望の強い人である。

包括的解決ということは、いまのさまざまな心の問題を、皆一気に解決してくれる「魔法の杖」ということである。

しかし、人生に魔法の杖はない。

真の誇りは、自分の今までの長年にわたる生き方からつくられる。

ずるく立ち回って成功しても、誇りはもてない。

どんな小さなことでもいい。

ひとつのことをきちんと成し遂げることからはじめよう。

そして、「私は、これだけは必ずしている」と自信をもっていえるものをもつこと。

どんな小さなことでも、自分でやれば自信がつく。

人は、大きなことをしたから自信がつくのではない。

いつも悩んでいる人は高い山に登ることが自信につながると思っている。

だから自信をつけることには辛さが先に来る。

本当は、この小さな山を登った時の達成感が、自信の芽となる。

登った時に味わった満足感が、自信の芽となる。

自信は楽しいことがないとつかない。

まず健康、そして動く。

一回でも満足する心をもつ。

すると次の行動へのエネルギーがうまれる。

そして「あれが欲しい、これが欲しい」がなくなる。

■マルクスだって「現実のこの世を楽しめ」といっている

ところが解決の意志のない不安な人は、合理化とか、否認とか、逃避とかいろいろな形で、その場その場の不安を解決する。

小さい頃に深く傷つき、復讐心から強迫的名声追求をする人が、生きがいを感じることは無い。その心の姿勢がその人の全人格を変化させてしまうからである。

人はお互いに人格が異なれば、お互いに何を喜ぶかは違ってくる。どのような人生を送りたいかという願望も違ってくる。いま、この時間をどう過ごしたいかも違ってくる。

人の評価も違ってくる。

望むライフ・スタイルも違ってくる。

強迫的名声追求は、人が内面の過程〔註3〕にとどまることの妨げになる。心の満足ではなく、栄光を求める。

外側における自己栄光化の道は、内面では自己蔑視への道になる〔註4〕。

心に傷があった時には、小さなことを一つ一つクリアーしていくこと、その体験が母の力を与えてくれる。

「大きなことをやって見せる」といって知識をたくわえ、それをひけらかしている人がいる。そういう人は、この体験がない。

この人たちは何もできない。

「母なるもの」を体験しない人は、生きるのに必要なエネルギーがない。

自分を活かすように自分の宗教を使う人もいれば、宗教を使って自分の責任から逃げる人もいる。

同じ宗教でも、それを使って自らの現実逃避を正当化する人もいれば、その宗教で救われる人もいる。

問題は宗教そのものではなく、宗教を使って自分を活かすか殺すかである。問題は宗教に向かうその人の態度である。

フロムの言葉を借りれば、それは生産的構えか、非生産的構えかである。

資本主義と、マルクスが説いた本来の「マルクス主義」とでは、心理的に見れば、表面的に見えるほど違いがあるわけではない。

マルクス主義も、資本主義も、プロテスタンティズムの倫理も、核となる心や精神は、表面的に見えるほど違いがあるわけではない。

その心は皆、「自分を活かせ」ということである。

よく、宗教は民衆のアヘンであるといわれるのは、現実逃避の正当化に宗教を使う人がいるからである。宗教は民衆のアヘンであるといったからといって、マルクス自身は宗教を否定しているわけではない。現実のこの世を楽しめという主張である。

■人類の究極の知恵は「逃げるな」という姿勢

政治思想も宗教も、優れたものであれば、「現実否認をするな」、「現実逃避をするな」という心の姿勢の一点では同じである。

この一点で、人類は共通しているという認識が、人類を救うに違いない。

現実逃避、現実否認、それを明確に否定するということが、人類究極の知恵である。

簡単にいえば「逃げるな！」ということである。

マルクス主義の名前を使ってマルクスの精神を否定する人もいるし、仏教の名前を使って仏教の精神を否定する人もいる。

それが現実逃避する人である。

自分の現実逃避を正当化するための思想、宗教、それが世俗には多い。

問題は、自分の信じる宗教に向かう、その人の態度である。

問題は、自分の信じる政治思想に向かう、その人の態度である。

信じる宗教は何でもよい。信じる政治思想は何でもよい。

その自分の「信じる考え」に、どういう態度で向き合うかということである。

もし現実否認をしない、現実逃避をしないという態度で向き合うならば、違った宗教の人と共存できる。違った思想の人と共存できる。

しかしそれに向き合う態度が、非生産的構えであれば、つまり現実否認、現実逃避の人生の態度であるならば、同じ宗教、同じ思想でも、いがみ合うし、殺し合う。

もう一度いう、人類究極の知恵は、「逃げるな」である。「現実否認をするな」である。

現実否認は麻薬である。逃げることほど魅力的なことはない。ギャンブルやアルコールに勝てない人がいるのと同じように、逃げることには勝てない人がいる。どんなに平和を唱えても、そういう人は、行き詰まれば戦争を推進するようになる人である。

究極の現実否認は、例えば本書で紹介したカルト集団で集団自殺した人の心理である。

このカルト集団では、教祖のことを「あの人は他の惑星から来た人である」といった。こうしたカルト集団の信者たちが陥っているのが、現実否認である。

■天国と地獄の分かれ道を先哲から学ぶ

生きることは苦しい。しかし苦しみは成長と救済に通じる。

それは自我価値の防衛をしないことである。

自我が現実から逃げないことである。

「逃げる」とはロロ・メイの言葉を使えば「不安の消極的回避」である。

「酒は百薬の長」ともなるし、《悪魔の水》ともなる。どちらにもなる。それはなぜ酒を飲むかという動機によってどちらにもなるということである。

現実逃避のために酒を飲めば、《悪魔の水》となり、楽しみのために酒を飲めば、《百薬の長》となる。

人生も同じである。人生にどう立ち向かうかで天国にもなれば、地獄にもなる。

この本は、「ここが天国と地獄の分かれ道ですよ」ということを先哲から学ぼうとしたものである。

不安な時、人は誰でも不安を解決しようとする。解決しようと努力することにおいては、皆同じである。違いは解決する態度である。

解決したいと望みながらも問題をより深刻化させてしまう人と、解決しようと努力して本当に解決する人がいる。

問題から逃げていながら解決しているつもりでいる人が多い。たとえばそれが宗教依存症であり、政治的過激主義である。

解決しようと努力して本当に解決するにはどうしたらよいか。

それは不安を感じた時に、「自分は自分に何を隠しているのか？」を問いかける努力をすることである。

自分の無意識の中に、不安に通じる何があるのかを意識化する努力をする。「自分は今何を意識していないのか？」を知る努力をする。

自分の無意識の中で問題をかかえている症状は何か？

たとえば、人間関係がことごとく失敗している。そして自分から見ると「私は悪くない」としか思えない。

自分は頑張って良くやっている。でもなぜか結果はことごとく悪い。

そういう症状を認めることが、現実に立ち向かうことであり、自分に直面することである。

不安な時には、自分を受け入れる努力をする。その方向に人生航路の舵を切る。

逆境で苦しむが、それは心の毒を捨てるということである。

だからうんと苦しんで、毒を全部捨てなさい。

苦しむことで性格の歪みが治る。

毒を吐いている時に、次の幸せへのステップの準備をしているのである。

苦しみのない人は幸せになれない。

私は美人ではないと劣等感を持つ人がいる。

私は美人ではないけれど、いいところもあると明るく生きる人もいる。

前者は努力をしないで幸せになろうとしている人である。美人でないから私は不幸だといういまの立場に固執する人である。

後者は幸せになるために偽りのない努力を惜しまない人である。

最後に、ウエインバーグの言葉を挙げておきたい。

真実から逃げること、そのことが、真実をより恐ろしく思わせてしまうのです。(註5)

人生には生存と実存の問題がある。

人生には政治的民主主義制度の確立や、経済的繁栄、科学技術の進歩などでは解決出来ない問題がある。

いわゆる上昇志向では人生の諸問題は解決出来ないことがある。

それが実存の問題である。

この本では、生存という視点から人生の諸問題を取り上げたのではなく、あくまでも実存という視点から人生の諸問題を取り上げた。

生き方を教えてくれ、
考え方を教えてくれ、
いま、子どもばかりでなく、
人々はそう叫んでいる。
先哲に聞こう。

この本も、長年にわたって私の本を編集してきてくれた大久保龍也氏にお世話になった。

平成三十年一月

加藤諦三

［註］

1　Karen Horney, *Neurosis and Human Growth*, W. W. Norton & Company, 1950, p.39
2　Béran Wolfe, ***How to Be Happy Though Human***, Farrar & Rinehart Incorporated, 1931,『どうしたら幸福になれるか』上巻、周郷博訳、岩波書店、一九六〇年十二月二十日、七〇頁
3　Karen Horney, ***Neurosis and Human Growth***, W. W. Norton & Company, 1950, p.24
4　ibid., p.39
5　George Weinberg, ***The Pliant Animal***, St. Martin's Press, 1981,『プライアント・アニマル』加藤諦三訳、三笠書房、一九八一年十一月十日、一〇五頁

文庫版あとがき

アメリカでテレビを見ていて、過去に宝くじに当たった人がたくさん出てきたことがあった。宝くじに当たった人は皆暗い顔をして不幸になっていた。自分の実力によるものではない大金を持ち、心が変わり、今までの人間関係が次々と壊れていく。結婚生活は破綻し、親友は去っていく。

何かの幸運があると人は自分の位置が分からなくなる。だから実力を伴わない幸運は最終的には後悔をもたらすことが多い。

全てに恵まれて仕事をするように見える人も中にはいるかもしれない。

しかしこのように宝くじに当たり続けるような仕事を体験すれば必ず世の中や人を甘くみる。そして必ず最後には人生を後悔することになる。

ジャンボ宝くじに10年間続けて当たっても不幸な人は不幸。

逆に幸せな人は溝に落ちても幸せ。ブレない心で生きているから。

幸運に飛びつく人は間違いなく人生を後悔する。

宝くじに当たった人は不幸。自分の力を用いて生きた人は幸せ。ブレない心で生きた人は幸せ。

濡れ手で粟《あわ》のお金持ちはいろいろな興奮を見逃している。成金は周囲が羨むほど幸せではない。汗の結晶でないお金はあまり人生に興奮をもたらさない。

こつこつ貯めたお金持ちは貯める興奮を味わうであろう。

お金ばかりではない。待って、待って、やっと実った恋愛はものすごい喜びと興奮をもたらす。

地道な努力をする習慣を身につければ運は必ず強くなる。

時間をかけて万里の長城を築くみたいに生きることで運は必ず強くなる。最後は「我が人生に後悔なし」になる。

「することが見つからない」と悩む人は小さなことを一つ一つ地味にしていく努力

をしない。楽をして偉大になろうとしている。

運が悪いと歎いている人は自分の生き方という基本を反省しない。

強い運を期待するなら生活習慣を直す。つまり自分の生きる姿勢という基礎から直そうとする。自分の日常の生活から直していこうとする。そうした地に足をつけた生き方で運は必ず強くなる。ブレない心のある人には、生活の基盤がある。

人との付き合いも同じことである。不運を歎いている人は、たいていいきなり偉い人と付き合おうとする。

今付き合える誠実な人と付き合う。その場その場で自分を磨いて次に行く。

何事も一つ一つ積み上げて行く。

今回の文庫化については山口毅様と宮脇崇広様にお世話になった。ありがとうございました。

令和五年五月
加藤諦三

著者紹介
加藤諦三（かとう　たいぞう）
1938年、東京生まれ。東京大学教養学部教養学科を経て、同大学院社会学研究科を修了。元ハーヴァード大学ライシャワー研究所客員研究員。現在、早稲田大学名誉教授。
主な著書に、『自分の心に気づく言葉』『心を安定させる言葉』（以上、ＰＨＰエディターズ・グループ）、『心の休ませ方』『自分のうけいれ方』『不安のしずめ方』『自分に気づく心理学』『やさしい人』『絶望から抜け出す心理学』（以上、ＰＨＰ研究所）、『なぜ、あの人は自分のことしか考えられないのか』（三笠書房）、『心と体をすり減らさないためのストレス・マネジメント』（大和書房）などがある。

〈加藤諦三ホームページ〉 https://www.katotaizo.com/

装画・本文イラスト――六川智博

本書は、2018年２月にＰＨＰエディターズ・グループから刊行された『人生を後悔することになる人・ならない人』を改題し、加筆・修正したものである。

PHP文庫　ブレない心のつくり方

2023年6月15日　第1版第1刷

著　者　加藤諦三
発行者　永田貴之
発行所　株式会社ＰＨＰ研究所
東京本部　〒135-8137　江東区豊洲5-6-52
ビジネス・教養出版部　☎03-3520-9617（編集）
普及部　☎03-3520-9630（販売）
京都本部　〒601-8411　京都市南区西九条北ノ内町11
PHP INTERFACE　https://www.php.co.jp/
制作協力
組　版　株式会社PHPエディターズ・グループ
印刷所
製本所　図書印刷株式会社

 ISBN978-4-569-90336-1